KECHENG ZHENGHE DE YANJIU YU SHIJIAN
YI MOKUAI KECHENG KAIFA WEI ZAITI

课程整合的研究与实践：
以模块课程开发为载体

尤亮 著

苏州大学出版社
Soochow University Press

图书在版编目(CIP)数据

课程整合的研究与实践：以模块课程开发为载体／尤亮著. —苏州：苏州大学出版社，2021.5
ISBN 978-7-5672-3540-3

Ⅰ.①课… Ⅱ.①尤… Ⅲ.①课程改革-教学研究-中小学 Ⅳ.①G632.3

中国版本图书馆 CIP 数据核字(2021)第 096219 号

书　　名：	课程整合的研究与实践:以模块课程开发为载体
著　　者：	尤　亮
责任编辑：	杨　柳
装帧设计：	吴　钰
出版发行：	苏州大学出版社(Soochow University Press)
社　　址：	苏州市十梓街 1 号　邮编：215006
印　　装：	苏州市深广印刷有限公司
网　　址：	www.sudapress.com
邮　　箱：	sdcbs@suda.edu.cn
邮购热线：	0512-67480030
销售热线：	0512-67481020
开　　本：	700mm×1 000mm　1/16　印张：14　字数：211 千
版　　次：	2021 年 5 月第 1 版
印　　次：	2021 年 5 月第 1 次印刷
书　　号：	ISBN 978-7-5672-3540-3
定　　价：	65.00 元

凡购本社图书发现印装错误，请与本社联系调换。服务热线：0512-67481020

序　言

　　进入21世纪以来,个人与社会、科技与人文、自然与伦理的整合达到了新的状态,跨界、融合、交叉催生了各种新事物,构成了经济发展的新的增长点。从自然到文化、从微观到宏观、从个体到全体、从一元到多元,整合的领域在不断扩大,整合的进程在不断推进,这充分说明了整合的趋势将主导当前和未来相当长的一段时间,同时也在逻辑上反映了知识的分化隐约达到了临界点。顺应整合的趋势,因应整合的变化,是当代世界各国、各个学科领域谋求新的发展的必然之路。

　　课程整合,作为一种课程建设理念,以其注重整合各学科知识、打破学科知识间壁垒的意图,引起了教育理论和实践者的密切关注。近些年来,笔者所在的苏州工业园区金鸡湖学校(以下简称"我校")围绕"课程整合"这个主题,进行了许多理论探索和实践尝试,取得了一定的成绩和进展。

　　我们研究发现,课程整合必将引领未来的课程改革和发展,代表着课程建设的未来趋势。因此,我们聚焦课程整合,在理论和实践两方面同时进行研究和探索。这本书所呈现的内容就是这些年来我们研究和实践的成果。

　　在理论上,我们查阅了国内外关于课程整合的已有研究成果,梳理和提炼了课程整合的内涵、特征及其价值意义,回溯了课程整合的历史演变和发展脉络,初步建构了关于课程整合的理论范式及相应的结构模型,总结了学校层面推进课程整合的一些基本原则和要求,并从课程发展的角度论证了"课程整合代表着未来课程发展的方向和趋势"这一观点。

　　在实践上,基于我校的教育实践,我们结合课程整合的基本内涵和分类,分别从学科内整合、跨学科整合、超学科整合三个维度,对现有的学科进行整合,并尝试在整合的基础上重组课程的内容和形式,覆盖了我校主要学科,如语文、数学、体育、艺术等,特别是跨学科整合和超学科整合,均是对现有学科内容进行重组,围绕特定主题进行构思和设计,全面融合学生经验、知识体系和教学形式,帮助学生实现知识与经验的理解和融会贯通。

经过这些年的理论研究和实践探索,我们发现,课程整合首先是一种理念、一种范式、一种开放性的结构状态,源于对分门别类的分科课程的联系与综合,是实现各学科知识间联系的有益尝试。其次,课程整合加强了学科知识、学生经验、社会问题、真实情境之间的密切联结,建立了跟课程有关的各要素间的联系,这些要素包括学科知识、经验、问题、情境等。最后,课程整合不是一种固定的程式和流程,而是一种理念和价值导向,课程整合的实施过程需要师生深度参与、共同努力。

我们深知,目前的理论研究和实践探索尚处于初步阶段,所获得的一些认识、提炼出的一些做法,在理论上还不甚成熟,许多内容还经不起仔细推敲。之所以将这些不甚成熟的认识和做法汇集出版,一方面,是为了记录我们的研究所得,汇总我们这些年努力的成果;另一方面,更重要的是希望得到专家和同人们的批评和建议,借助专家和同人们的慧眼帮我们鉴别研究的不足和实践的疏漏,鞭策我们继续深入研究、探索,从而在课程整合的理论研究和实践探索方面取得更多收获,形成具有一定权威性和普适性的理论体系和实践模式,供基础教育界的同人们参考和借鉴。

本书在撰写过程中,得到了诸多师友的支持、鼓励和帮助,谨借此机会表达对他们的谢意。

首先要感谢华东师范大学的刘侃、王晴博士及苏州工业园区教师发展中心的孙春福、张久旗老师,他们以专业的视角,为本书的编写提供了很多宝贵的建议;其次要感谢我校的吴淑敬、赵范珏、秦怡、李兆梅等老师和相关的研究团队,是他们坚持不懈的努力为本书提供了源头活水,书中第六章到第八章均参考了他们的学科资料;最后要感谢我的工作班子,正是由于他们出色的工作,我才能够集中精力并抽出更多的时间来进行本书的写作。人数众多,不一一列举,在此一并致谢!

尤 亮

2021 年 1 月

目录 Contents

绪　论 / 1

第一章　课程整合概述 / 10

　第一节　课程整合的含义 / 10

　　一、课程 / 10

　　二、课程整合 / 13

　第二节　课程整合的相关概念辨析 / 19

　　一、学科课程与课程整合 / 19

　　二、综合课程与课程整合 / 23

　　三、综合实践活动与课程整合 / 26

　第三节　课程整合的价值 / 30

　　一、对于教育教学的意义 / 30

　　二、对于教材教法的改善 / 30

　　三、对于学生发展的作用 / 31

第二章　课程整合的历史发展 / 33

　第一节　课程整合的发展阶段 / 33

　　一、萌芽与发展阶段 / 33

　　二、兴盛阶段 / 36

　　三、衰落阶段 / 40

　　四、复兴阶段 / 42

第二节 我国课程整合的实践探索 / 45
　　一、我国课程整合发展的历史渊源 / 45
　　二、课程整合在近代的理论译介阶段 / 45
　　三、教育政策引导下我国课程整合的实践与发展 / 48

第三章　课程整合的理论范式 / 52
　第一节 课程整合的向度 / 52
　　一、知识整合 / 52
　　二、社会整合 / 54
　　三、经验整合 / 55
　　四、结构整合 / 56

　第二节 课程整合的理论基础 / 57
　　一、哲学基础 / 58
　　二、社会学基础 / 60
　　三、心理学基础 / 63

　第三节 课程整合的典型模式 / 66
　　一、科际整合模式 / 67
　　二、课程联结模式 / 68
　　三、故事设计模式 / 69
　　四、学科内整合模式 / 70
　　五、跨学科整合模式 / 72
　　六、超学科整合模式 / 73
　　七、其他课程整合模式 / 74

　第四节 课程整合的理论内涵 / 76
　　一、课程内容的整合 / 76
　　二、课程设计的整合 / 77
　　三、课程实施的整合 / 79
　　四、课程形态的整合 / 80
　　五、教育态度的整合 / 81

目录

第四章 学校课程整合的理论与实践 / 84

第一节 学校课程整合的内涵 / 84
一、学校与课程的关系 / 84
二、学校是课程整合的基本单位 / 85

第二节 学校课程整合的设计与实施 / 86
一、学校课程整合的目标与规划 / 86
二、学校课程整合的内容与形式 / 89
三、学校课程整合的实施与保障 / 92

第三节 学校课程整合的实践反思 / 94
一、关于学校培养目标的实践反思 / 94
二、关于教育目的实现的实践反思 / 96
三、关于学生发展成效的实践反思 / 98

第五章 课程整合的发展趋势 / 100

第一节 走向经验改造与重组的课程整合 / 100
一、课程整合的经验向度 / 100
二、经验与课程的双向建构关系 / 101
三、课程整合应注重经验的改造与重组 / 103

第二节 走向文化传承与创新的课程整合 / 106
一、课程整合的文化向度 / 107
二、文化与课程的双向建构关系 / 108
三、课程整合应注重文化的传承与创新 / 109

第三节 关于人生的发展和人生目标实现的课程整合 / 111
一、课程整合的生命向度 / 111
二、"整体的人"与课程的双向建构关系 / 113
三、课程整合应注重生命的开展与实现 / 114

第四节 我国课程整合的顶层设计与实践路径 / 116
一、我国课程整合的顶层设计 / 116
二、我国课程整合的实践路径 / 117

第六章　学校学科内课程整合举要　/ 122

第一节　初中语文模块课程　/ 123
一、散文模块　/ 123
二、写作训练模块　/ 135

第二节　美术模块课程　/ 139
一、"中国画创作——苏州传统园林雅韵"课程纲要　/ 139
二、"藏书票制作——苏州园林建筑意蕴之美"课程纲要　/ 143

第七章　学校跨学科课程整合举要　/ 149

第一节　STEM跨学科模块课程纲要　/ 149
一、STEM课程总纲要　/ 149
二、分年级STEM模块课程纲要　/ 152

第二节　STEM跨学科模块课程活动手册　/ 163
一、形状构成　/ 163
二、探秘拱桥　/ 168

第八章　学校超学科课程整合举要　/ 178

第一节　超学科模块课程——《湖》　/ 178
一、科技板块（适用于1—2年级）　/ 178
二、生态板块（适用于3—4年级）　/ 182
三、文艺板块（适用于5—6年级）　/ 184
四、政治板块（适用于7—9年级）　/ 186

第二节　超学科模块课程——"金鸡湖的未来"　/ 188
一、金鸡湖的未来——30年后的你，30年后的金鸡湖　/ 188
二、金鸡湖未来的光污染　/ 190

参考文献　/ 194

附录1：2016—2021年金鸡湖学校发展规划（节选）　/ 199

附录2：初中语文模块课程学生优秀作品　/ 203

附录3：美术模块课程学生作品　/ 207

附录4：STEM模块课程学生作品　/ 209

附录5："湖"文化课程学生作品　/ 210

绪 论

随着虚拟技术和以国际互联网为代表的当代信息技术的发展,人类面临着从工业时代向信息时代的急速转变,知识传播的速度和容量以几何级数递增,新技术、新材料、新能源等高新科学技术群的产生和发展给社会和经济生活带来了巨大变化。人们把这样一个以知识和信息的生产、分配和使用为基础,以创造性人力资源为依托,以高科技产业及智业(以信息咨询业和管理为主的服务业)为支柱的经济形态称为知识经济。[1] 它是继农业和工业经济之后出现的另一种新型经济形态。知识经济和相伴而来的全球一体化对现有的价值观念、生活方式、教育观念和制度体系等产生了重大冲击,对人才的知识结构和素质结构提出了全新的要求,即要具备广阔的知识背景,具有对各种知识能系统掌握、融会贯通、互相渗透、综合运用的综合能力,具有科技与人文素质融合的完整人格,具备统一的智力素质与情感素质。[2]

21世纪是一个整合的时代,需要素质综合且全面的人才。2007年,美国21世纪技能合作组织公布了"21世纪学习框架",提出了劳动者不仅要拥有较好的基本文化素质,还要具有创新精神、创造力和想象力,善于运用观念与抽象能力,能够较快地接受新生事物并自我更新,能够在小组中与他人愉快合作,自我约束与管理规划自己的工作并走向成功。这意味着单纯以掌握知识为主的人才培养模式,已不适应未来的社会需求,需要我们着眼于复合型人才

---

[1] 黄书光,王伦信,袁文辉.中国基础教育改革的文化使命[M].北京:教育科学出版社,2001:153.
[2] 黄书光,王伦信,袁文辉.中国基础教育改革的文化使命[M].北京:教育科学出版社,2001:161-169.

的培养,采用综合的、整合的教育方式来进行。

课程整合,作为一种课程建设理念,以其注重整合各学科知识、打破学科知识间壁垒的意图,引起了教育理论研究者和实践者的密切关注。近几十年来,我国对于课程整合的理论探索和实践尝试,亦取得了不小的成就和进展。

对于我国来说,开展课程整合的理论研究和实践尝试有其独特的价值和意义。课程整合被确定为我国新课程改革的重要目标之一,这是由我国教育的特殊背景所决定的。由于我国现行的中小学课程门类过多,内容交叉重复,缺乏整体优化,既造成学生课业负担过重,也容易忽略对学生综合能力的培养,不利于形成完整的知识结构。课程整合可以提高人的整体认识和理解问题的能力,开阔人的视野,同时也可以解决课程有限性与课程内容丰富性的矛盾。实践表明,自实施国家课程方案中课程整合的两个主要"产品(product)"——综合学科课程和综合实践活动以来,教师的专业发展、学生的学习兴趣和综合素质、学生的创新精神和实践能力有了明显的改观。① 实践证明,课程整合促进了教师专业发展和学生综合素质的提升,在一定程度上矫正了课程分类繁多、负担过重的"老大难"问题,是一种值得深入研究和普遍推广的有益尝试。

但是,从我国课程整合的实践来看,仍存在着不容忽视的问题。这些问题主要表现为两个方面:一是认识上的偏差。教育实践者们或者认为课程整合仅仅是一种综合课程形态,将课程整合等同于综合课程,从而注重综合课程的教材建设,忽视课程整合的教学策略的发展;或者认为课程整合是一种与学科课程相对应的课程结构,课程整合等同于课程建设,从而强调调整课程结构,使综合课程和分科课程相互呼应、相互补充。二是实施上的偏差。将课程整合与分科教学分离开来,走"两条路子",没有真正做到融为一体。② 事实上,课程整合并不等于综合课程。综合课程只是课程整合的一种形态。课程整合不但包括综合课程,也包括跨学科的学习活动,还包括一套使课程得以综合的教学策略。仅仅"设置综合课程作为现阶段我国大陆地区中小学课程整合的

---

① 刘宇.初中综合课程实施现状及策略研究[J].课程·教材·教法,2002(11):7.
② 庞红卫.香港"课程统整计划"及其启示[J].上海教育科研,2001(7):25-27.

主要模式是一种偏差"①,对于课程整合的研究和实践来说,仅有综合课程还不够。

由此可见,课程整合在我国无论是理论研究还是实践尝试,均存在着不容忽视的问题和偏差。鉴于课程整合代表着教育发展的未来趋势,而我国的课程整合实践又不甚理想,因此,开展关于课程整合的理论研究和实践探索,将是我国基础教育改革、新课程改革、学校良性发展的重要内容之一。

本研究正是基于以上考虑,才着手开展课程整合的理论和实践研究。

本书主要分为两大部分:第一部分是关于课程整合的理论研究,主要介绍国内外关于课程整合的研究成果和进展;第二部分是关于课程整合的实践研究,主要介绍我校在课程整合理念下开展的多种形式的尝试和探索。

理论研究部分分为五章,主要内容如下:

第一章为课程整合概述,主要阐述的是课程整合的含义、相关概念辨析及课程整合之于学校发展的价值与意义。这一章明确指出,"整合"与"统整"虽然都对应着英语单词"integration",但其含义略有不同。"整合"更多地表现为一种整体的状态,是对结果状态的描述;"统整"则不仅表现了结果状态的整体,还体现了一种走向整体、形成整体的过程性的努力和倾向。因此,"整合"侧重于静态的描述;"统整"则不仅含有静态的描述,还有动态的努力倾向。课程整合的含义主要有:首先,它是一种设计理念,包括设计的目标、内容、形式、结构、实施与评价的整个过程,在不受制于学科界限的情况下,由教育者和年轻人合作认定重要的问题和议题,进而环绕着这些主题来形成课程组织。其次,它是一种资源开发与组合的理念,在这种理念下,一切课程资源的价值在于被使用、应用和利用,那些不能被"用"的资源是没有价值的,对资源的"用"的目的在于发掘资源的教育价值、成长价值和生命价值,让资源通过"用"转化为个体的经验、组型和阅历,融入个体生命之中,并为生命的继续成长和完善奠定必要的基础。最后,它是一个开放性的、半结构化的实施过程,需要根据主题、受众、实施者、资源配置等因素的情况,灵活进行创造性的改造和重组。

此外,本章还分别介绍了课程整合与学科课程、综合课程和综合实践活动

---

① 亢宇坤.课程整合:问题与对策[D].北京:首都师范大学,2003:11.

的区别与联系。比如，与学科课程相比，课程整合注重知识的整体性和关联性，有利于弥补学科课程中知识被分隔的不足；注重学生的体验，以学生感兴趣的议题为中心来组织课程内容，强调从生活、实践、问题出发来组织的活动；课程整合与学科课程之间的本质联系在于，课程整合是一种关于课程设计、实施与评价的理念，而学科课程则是以知识学科为基础的课程建构方式。最后，本章介绍了课程整合对于教育教学、教材教法和学生发展具有积极的支持和促进作用。

第二章讲的是课程整合的历史发展，从历史的角度梳理课程整合从产生到逐步发展的脉络。研究发现，课程整合的历史发展大概有近两百年的时间，从阶段上来看，大致可以划分为萌芽、发展、兴盛、衰落和复兴等阶段，每个阶段的发展重点有所不同，这主要是由不同阶段所处的历史背景、社会需求和教育重心的影响所致。课程整合起源于19世纪中期至20世纪初期，这一阶段的课程整合主要以德性发展和知识结合为重心，即课程整合的目的在于促进个体德性的发展，主要途径是在众多学科中，发现不同学科知识间的联系，并尝试打通、建立密切的关系，尝试将相近或相关学科整合成若干核心课程。课程整合发展至20世纪20年代，进入兴盛阶段，一直持续到20世纪40年代。这一时期，主要是受到进步主义教育强调"儿童中心"的影响。这一阶段的课程整合，强调以儿童的兴趣、经验为中心来进行整合。课程整合的重心由知识转向了儿童，儿童成为课程整合的主体。儿童的体验、感知和理解进入了课程研究者的视野。20世纪40年代中后期至70年代，课程整合逐渐进入衰落阶段，这主要是因为人们在强调以儿童为中心进行课程整合后，渐渐地忽略了重要学科知识的学习，以至于学生所习得的知识不够系统、全面，也无法反映社会生活，导致许多人的社会适应能力偏低。20世纪80年代至今是课程整合的复兴期，这一阶段的课程整合为多元取向的整合方式，兼顾学科知识的结构性、系统性和儿童自身的经验性、主体性。

我国课程整合的发展历程，从总体上看，是从理论译介开始，慢慢地在政策上加以引导，再逐渐在学校实践领域深化落实的过程。从历史上看，我国的课程整合理念最早可以追溯到儒家的蒙学典籍。在课程整合方面，自19世纪60—90年代以来，西学翻译中直接介绍西方教育的书籍尚不多见，且着重于课

绪 论

程内容的介绍。最早引进西方学校课程的是《西学课程汇编》。1902年,清政府颁行了《钦定学堂章程》,该章程规定小学阶段设置格致课,中学设置博物课,博物包括植物、动物、矿物。这个学制实行不到一年即被废止。后来,我国社会进入动荡时期,追求国家统一和社会稳定是全国人民的共同追求,许多仁人志士提出了"教育救国"的响亮口号,试图以教育的方式,为国家培养大量人才,救亡图存、富国强民。当时涌现的许多近代教育家就是典型代表。中华人民共和国成立以后,我国在课程设置方面也强调综合化取向,将社会生产和生活作为课程内容的主要来源,这一方面是由于中华人民共和国成立初期,百废待兴,社会结构和体制刚刚建立,早出人才、快出人才是当时社会发展的主要需求。当时的课程设置特别强调整合和综合,学校开设了社会科学常识、卫生常识、工农业基础知识等课程,以此普及人们的基本生活和生产常识。1977年,我国恢复高考制度,重建被破坏的教育秩序。百废待兴的国家要求教育要"多出人才,出好人才"。出于对知识的渴望和对效率的追求,在课程设置与实施方面,分科课程又回到了主导地位。2001年6月,我国颁布了进入21世纪的第一份课程改革指导文件《基础教育课程改革纲要(试行)》,明确提出把"课程整合"作为这次改革的目标之一,要求"改变课程结构过于强调学科本位、科目过多和缺乏整合的现状,整体设置九年一贯的课程门类和课时比例,并设置综合课程,以适应不同地区和学生发展的需求,体现课程结构的均衡性、综合性和选择性","小学阶段以综合课程为主。……初中阶段设置分科与综合相结合的课程,……高中以分科课程为主"。① 进入21世纪,课程整合已经成为我国课程建设的重要导向,也已深入到许多基础教育实践中,目前正朝着实践性、多元化、科学性的方向发展。

第三章主要介绍了课程整合的理论范式。首先,解读了课程整合的四个向度:知识整合、社会整合、经验整合和结构整合。其次,从哲学、社会学和心理学三个学科视角,阐述了课程整合的理论基础。哲学是一切学科的基础,为课程整合提供了哲学的支撑和指引;社会学为课程整合的实现提供了必要的背景和条件,因为一切课程整合都需要以社会议题为中心来展开;心理学则为

---

① 教育部.基础教育课程改革纲要(试行)[Z].教基[2001]17号.

课程整合的实施提供了必要的规律和依据,课程整合最终都要落实到师生身上,要体现在学生的生命成长上,只有遵循心理发展规律,坚持科学的教育原则,才能实现课程整合的效果,促进个体的身心健康发展。再次,介绍了理论界关于课程整合的6种典型模式:科际整合模式、课程联结模式、故事设计模式、学科内整合模式、跨学科整合模式、超学科整合模式。模式与模式之间,仅存在组织形式的不同,不存在本质性差异。最后,从五个方面阐述了课程整合的理论内涵,即课程内容的整合、课程设计的整合、课程实施的整合、课程形态的整合和教育态度的整合。

第四章介绍了学校课程整合的理论与实践,从学校层面梳理了当前关于课程整合的实践探索与尝试,学校是课程整合设计与实施的基本单位和基层主体,对于课程整合的发展发挥着至关重要的组织和协调作用。教师是课程整合设计与实施的主体,学生是课程整合设计与实施的核心参与者。从学校层面来探讨课程整合的理论和实践,对课程整合的普及、落实与多元化发展具有重要的指导和促进意义。

对于学校来说,开展课程整合,需要做好充分的前期准备,制订完备的实施方案,采取充分的配套措施,准备必要的资源条件,其中,课程整合的目标与规划、内容与形式、实施与保障是学校课程整合实践的核心主体部分。每一个环节都有不同的要求和规范,只有全面领会课程整合的含义,遵循各环节的基本要求,才能够达成课程整合的应然目的。从当前我国学校的课程整合实践来看,整体的效果不甚理想。这一方面是由于理论界对课程整合的研究还不够全面、深入和细致,以至于许多实践者无法准确理解课程整合的真正内涵,从而在实践中发生偏差;另一方面是由于课程整合本身确实不是简单的组合、融合和结合,而是需要在把握课程整合实质的基础上,师生共同参与,共同建构课程整合的主题、内容、形式和资源,这对于习惯了操作的实践者来说,颇有难度。因此,这一章对课程整合进行了全面反思,有利于厘清课程整合在实践中的动态,剖析教学实践对课程整合的落实效果,以便在后续的实践中,能够完善课程整合的实践操作方式。

第五章介绍了课程整合的发展趋势,从未来发展的角度指出,课程整合代表着课程发展的重要方向,我国在课程整合方面的理论与实践,相对于国际社会来说,具有独特的优势和特色。近年来,通过教育政策文件的指导,许多学校也开展了卓有成效的课程整合实践,形成了良好的社会反响。明确课程整合的发展趋势,结合教育实践,开展具有区域特色的课程整合探索,对于更好地实现教育目的、高质量地完成立德树人的根本任务、促进学生综合素养和创新能力的发展都具有重要的作用和意义。这种发展趋势主要表现为三个方面:一是走向经验改造与重组,二是走向文化传承与创新,三是走向生命开展与实现。鉴于这种趋势,我国的课程整合应科学规划顶层设计,认真谋划实践路径,以立德树人为本,以促进学生全面健康发展为课程整合的根本目标,倡导对话式教学,培育教师的"教学觉醒"意识,尊重教学规律,倡导在原理指导下开展课程实施与评价,并在根本上转变学生的学习方式,大力倡导"整体的人"的课程整合理念,从生命成长的角度,使每一位学生都能够获得"整体的人"意义上的全面、健康、和谐、愉快、适切的发展,让每一个生命都绽放出属于他(她)的独特光彩和耀眼光芒,真正实现教育对学生生命成长的价值意义和终极关怀。

实践研究部分主要介绍了我校在课程整合理念指导下所开展的尝试和探索。课程可以说是学校教育服务的核心"产品"(全面质量视域下的课程观),承载着学校的培养目标,总领着学校的教育教学工作。

模块课程是比课程单元更大的一个概念(模块由单元构成,模块组合构成体系),之所以定位在"模块课程开发",是我们对自己提出的更高要求:我们希望在"十三五"期间,大部分教师能够进行中观教学设计;教备组层面能够把中观教学设计研讨作为日常备课、教研活动的核心工作,使教师在课程开发与实施过程中实现专业成长;而学校层面,在形成了足够数量的课程单元后,能基于此开发具有较高横向协同性与纵向一致性的模块课程群。如果进展顺利,我们还将重构本校的课程体系,使学校课程更好地满足学生成长的需要。

明确了课程建设目标,接下来我校着手搭建模块课程的整体框架。我校的框架不同于传统意义上的课程体系图(先是课程领域,再到具体科目这种架构),更注重的是实质。从当今学界主流观点看,课程整合是大势所趋;学校层面课程整合的实践样态可分为学科内整合、跨学科整合和超学科整合。因此,我校从这三种实践样态出发,进行模块课程框架的搭建(图0-1)。

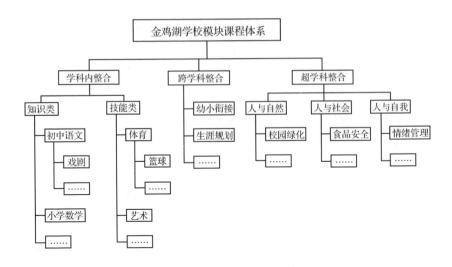

图 0-1　金鸡湖学校模块课程体系图

模块课程的这三种整合实施方式分别对应着课程设计的三种取向:学科中心设计(知识本位)、学习者中心设计(学生本位)和问题中心设计(社会本位)。与此相对应的,三种课程整合的内部层次结构也是不同的。

学科内整合,是在学科框架之下,以模块为载体开展的整合实践。这里又可分为两类:偏重知识性的学科(如语文、数学)和偏重技能习得的学科(如体育、艺术)。知识性模块课程主要按"横向—年段"和"纵向—主题"两个维度进行开发,很多时候某个年段的主题要与其他年段产生纵向联系,如语文中的"戏剧"模块;技能类模块课程相对独立,如体育中的"篮球"模块,可在某一年段集中开展普及性教学,其他年段不再开设。

跨学科整合,以学生的学习兴趣和成长需要为出发点,开发兴趣取向和能力取向的模块,如幼小衔接模块,需要基于兴趣和习惯养成,对德育活动、语数英等主要学科进行整合。

超学科整合,源于真实情境中的社会热点问题,需要整合校内外资源,开发综合实践类课程模块。

实践研究部分介绍了学校的课程整合实践探索,包括学科内课程整合的实践、跨学科课程整合的实践、超学科课程整合的实践。

其中,学科内课程整合的实践是主体,包括初中语文、小学数学、体育和艺术等学科(限于篇幅,本书仅以初中语文模块课程和美术模块课程为例)。在初中语文学科实践中,主要介绍了散文这一文体的单元整合和教材写作训练的整合实践。在美术学科实践中,介绍了中国画创作模块课程纲要与实施方式,还有藏书票特色模块课程的课程纲要及教学方式。在跨学科课程整合的实践中,以STEM课程为主,具体介绍了STEM模块化课程开发与实施的策略、5—7年级STEM课程纲要及具体的实施要求。在超学科课程整合的实践中,以特色校本教材《湖》为主体,介绍了关于"湖"文化的四个板块,即科技板块、生态板块、文艺板块、政治板块。此外,还简要介绍了目前正在研究中的关于《金鸡湖的未来》的学科整合实践。

  这些年来,我校在模块课程开发过程中,愈加体会到教师的培养是课程开发与实施的关键。以后,我校还要继续加大师资培养力度,通过"请进来、走出去"的方式,帮助教师在模块课程整体建构、课程单元设计与实施、分层走班教学、研究性学习指导等难点问题上有所突破,助推其专业发展。

第一章 课程整合概述

第一节 课程整合的含义

一、课程

课程是学校教育的重要组成部分。通俗地说,课程包括学校里开设的各类学科课程、组织的各项活动、提供的各种学习资源等。狭义的课程主要指学生的课程表上呈现出来的内容,广义的课程则是指在学校里供学生学习的一切内容的总和。在本质上,课程体现为知识、技能和资源,学生通过利用这些资源,获得知识,习得技能,进而实现自身的发展,达成教育目标。另外,知识、技能、资源等在课程中是以结构化的形式呈现的,学生的学习也是按照一定的顺序、在教师的指导下进行的系统化的学习。

"课程"一词,起源于拉丁语,原意为"跑道(Race Course)",学生参与课程学习的过程,就类似于沿着跑道在跑步。学生学习课程,可以获得成长和进步,正如坚持跑步可以强身健体一样。因此,在学校教育中,课程的基础含义就是指学生对学科内容学习的进程。

在课程发展的漫长历史过程中,其基本含义并未发生明显的变化,以至于关于课程含义的问题,一直未引起足够的讨论和关注。直到 20 世纪初,进步主义教育运动兴起,特别是杜威提出的关于课程的思想,促使教育研究者开始审视和思考课程的含义问题,在此之前,"尽管各级教师,从小学到大学,都在不断地制定课程决策,但这些决策的制定并不把课程(指概念)作为一个思考问题"①。

当课程的含义问题得到重新审视和思考以后,便出现了大量的关于课程的解读、界定和定义,这些解读多种多样,有的难以理解或实在费解。据美国学者鲁尔统计,课程这一术语至少有 119 种定义。② 众说纷纭的课程定义,使得原本基本明确的课程含义也呈现出了明显的模糊性和不确定性的特征。从学术研究的角度来看,"众说纷纭"恰恰意味着对课程的多维解读,有利于充实和完善课程的含义。

美国学者斯考特(Scotter, R. D. V.)等认为:"课程是一个用得最普遍但却定义最差的教育术语。"③美国学者奥利瓦(Peter F. Oliva)则认为:"与教育的其他方面诸如管理、教学和督导等行动定向了的术语相比,课程确实具有一种神秘的味道。"④苏特斯(Robert Shutes)也认为,课程是教育中最被误解的概念之一,公众听到这一传递频繁的术语,自然认为"课程"是明确的政府文件,它包括学校方案的全部结构。而他本人认为,公众的认识八成是错的。那是因为管理者和校委员会成员的经常性谈论似乎显示他们已具备了明确的、成文的课程,实质上他们所具备的只不过是一套含糊的关于他们的学校教什么的设想。

由此可见,对于课程的解读尚未达成基本的一致性认识,不同的研究者基于不同的视角和维度,均可以对课程做出不同的界定。奥利瓦曾经系统梳理了关于课程本质的研究成果,并对各种各样的关于课程的界定进行了归纳和总结,然后提出了 13 种比较有代表性的课程本质观:①课程是在学校中所传授的东西;②课程是一系列的学科;③课程是教材内容;④课程是学习计划;⑤课程是一系列的材料;⑥课程是学习科目顺序;⑦课程是一系列的行为目标;⑧课程是学习进程;⑨课程是在学校中所进行的各种活动,包括课外活动、

---

① Daniel Tanner, Laurel N. Tanner. Curriculum Development: Theory into Practice [M]. New York: Macmillan Publishing Co. Inc,1975:6.

② 乔治·A. 比彻姆. 课程理论[M]. 黄明皖,译. 北京:人民教育出版社,1989:169.

③ R. D. V. Scotter, et al. Foundations of Education: Social Perspective [M]. New York: Macmillan Publishing Co. Inc, 1979:272.

④ Peter F. Oliva. Developing the Curriculum[M]. New York: Little, Brown and Company, 1982:4.

辅导及人际交往;⑩课程是在学校指导下,在校内外所传授的东西;⑪课程是学校全体职工所设计的各种事件;⑫课程是学习者在学校所经历的经验;⑬课程是个体学习者在学校教育中所获得的一系列经验。①

此外,美国学者利威(Arieh Lewy)主编的《国际课程百科全书》②也对"课程"做出了多种界定:①课程是学校为了训练儿童和青年的思维及行动方式而组织的一系列可能的经验;②课程是在学校指导下学习者所获得的所有经验;③课程是为了使学生取得毕业资格、获取证书及进入职业领域,学校应提供给学生的教学内容及特定材料的总体计划;④课程是一种方法论探究,具体探查由教师、学生、学科及环境所构成的课程要素的范围;⑤课程是学校的生活和计划;⑥课程是一种学习计划;⑦课程是在学校指导下,为了使学习者在个人的、社会的能力方面获得不断的、有意识的发展,通过对知识和经验的系统改造而形成的有计划和有指导的学习经验及预期的学习结果;⑧课程基本上包括五大领域的学习:掌握母语并系统地学习语法、文学和写作,数学,科学,历史,外国语;⑨课程是关于人类经验的范围不断发展的、可能的思维方式——它不是结论,而是结论产生的方式,以及那些所谓真理的结论产生和被证实的背景。③

当代课程论专家派纳(Pinar, W. F.)等提出:"课程不再是一个事物,也不仅是一个过程。它成为一个动词,一种行动,一种社会实践,一种私人的意义,一种公共的希望。课程不只是我们劳作的场所,也是我们劳作的成果,在转变我们的同时也转变自身。"④后现代课程理论领域的代表人物多尔(William E. Doll, Jr.)在《后现代课程观》中提出,课程不再只是特定知识的载体,而成为一种师生共同探索新知的过程;课程发展的过程具有开放性和灵活性,不再是完全预定的、不可更改的。

由此可见,课程的含义经过漫长的历史发展,目前似乎已偏离了"跑道"的原意,而且在现代课程理论中,上述不同的学者依据不同的哲学观、知识观、学

---

① Peter F. Oliva. Developing the Curriculum[M]. New York: Little, Brown and Company, 1982:5.
② Arieh Lewy. The International Encyclopedia of Curriculum[M]. Oxford: Pergamon Press, 1991:15.
③ 郝德永. 课程:走向自觉与自律[M]. 合肥:安徽教育出版社, 2009:35.
④ W. F. Pinar, W. M. Reynolds, P. Slattery, et al. Understanding Curriculum[M]. New York: Peter Lang Publishing, 1995:848.

习观,阐述了各自关于课程的理解和认识;当代的课程论专家也从课程的开放性和整合性的视角,给出了关于课程的动态建构、即时生成的新观点。

奥利瓦和利威对于课程本质的归纳和梳理,基本上包括了课程论发展史上所有主要的观点,每一种观点都代表着对课程理解的不同视角、类型和维度,也代表着对复杂的课程实践的透视、提炼和归纳。从这些不同的观点中,我们可以较全面地审视课程的本质和含义,发现基于实践有效经验的课程认识,体现源于实践存在弊端的课程反思,以及呈现关于实践过程的课程理论建构。细看这些观点,我们可以发现,它们之间亦存在着复杂的关系,有的观点体现了一种包容关系,是可以互补和调和的;有的观点体现了相互排斥的对立关系,是不可以调和的;还有的观点体现了不同视角下的并列关系,代表着关于课程的独特理解。

总而言之,尽管课程理论研究者可以从不同角度来揭示课程含义和本质的不同方面,但是对于学校来说,则无须考虑得那么周全,只需理解或选择若干课程含义作为学校课程编制的依据,把握"课程是供学生学习之用的内容"这一核心,突出课程内容的教育价值,展现课程结构之于学生成长和发展的科学性、规范性和有效性即可。

二、课程整合

(一) 课程整合溯源

"整合"在课程研究中的应用,最早可以追溯到1912年保罗·孟禄(Paul Monroe)所编纂的《教育百科全书》,他在这部书中使用了"学习的统整(Integration of Studies)"的概念。① 后来,1918年美国课程学者福兰克林(E. Bobitt)出版了《课程》(*The Curriculum*)一书,1924年他又出版了《如何编制课程》(*How to Make a Curriculum*),这两部著作奠定了"课程"作为一个独立研究领域的基础。

当时,不同的研究者对于"课程整合"亦有不同的侧重。比如,赫尔巴特学派侧重于在相互关联(Correlation)的意义上使用整合;一些注重社会效益的课

---

① 熊梅. 当代综合课程的新范式:综合性学习的理论与实践[M]. 北京:教育科学出版社,2001:2.

程理论研究者则提出,希望毕业生都可以通过"最后的整合(final integration)"的方式,将在学校中所习得的零散的概念、主题和经验,建构成一个有机的整体,并顺利得以应用;作为进步主义教育代表人物的杜威,则更强调整合的社会价值,他主张在推进学校民主化进程中,课程整合能够发挥更加积极的作用。

1918年,美国课程理论研究者克伯屈(William Kilpatrick)发表了著名的《设计教学法》("The Project Method")一文,针对当时教师过于注重强制性的教学灌输和学生被动的接受性学习地位的弊端,他主张应通过让学生参与到课程建设中、参与到目标性的教学设计中的方式,促进学生掌握问题解决的方法,以帮助学生关于学术、社会和伦理的学习。"'此举将能有效提升学生的知识和技巧,并持续保持其学习'。更重要的是,他深信其所提出的教学设计,'乃是反映民主社会生活的典型代表,因此也应成为学校活动的典型教材'。"①在他的这篇论文中,克伯屈并未使用"整合"一词,但却暗含了课程整合的理念,即对于课程应联系生活、注重问题解决的系统化的设计思想。他的基本立场似乎可以提炼为:课程知识的组织与整合应当处于个人、生活和社会的大背景中,应当以综合运用知识为解决问题的方式,达成课程目标。基于这种立场的"整合",就代表着"个体与环境交互作用所产生的成长、发展及改变等的过程"②。

(二)关于课程整合的不同界定

课程整合的基本含义是将课程中的所有内容——包括知识、技能、活动、经验、生活、社会等——整合起来,构成一个结构性的整体,便于个体整体认知和综合运用。许多学者对于课程整合提出了不同的界定,如霍普金斯(Hopkins)指出,课程整合就是"以学习者直接而不变的兴趣,以及确信的未来需求来组织课程,并从社会资产的所有领域中慎选教材,而不顾科目的划分"③。詹姆斯·比恩(James A. Beane)则从课程设计的角度提出:"课程统整是课程设计的理论,通过教育工作者与年轻人共同合作而认定的重大问题或议题为核心,

---

① James A. Beane. 课程统整[M]. 单文经,等译. 上海:华东师范大学出版社,2003:30.
② James A. Beane. 课程统整[M]. 单文经,等译. 上海:华东师范大学出版社,2003:32.
③ James A. Beane. 课程统整[M]. 单文经,等译. 上海:华东师范大学出版社,2003:33.

来组织课程,以便促成个人和社会的统整,而不考虑学科的界限。"[1]

经过对许多关于课程整合内涵界定的梳理和研究,我们发现,课程整合本质上是对于课程设计、编制与实施的理念,其内在的逻辑依据是个体的学习是整体性的,个体的成长也是整体的人的成长,个体所处的生活环境亦是以整体的方式与人建立关联。因此,课程整合是一种课程回归、课程还原式的设计与实施理念,将课程回归到其原初的整体性的状态,还原为本真的经验累积的状态,让课程重新焕发出其应有的活力和生动的魅力。

走向课程整合,意味着课程在实现了由具象的经验向抽象的知识转化之后的再一次转变,即由抽象的知识回归具象的经验。这里的回归,不是倒退,而是升华,是在众多分门别类的知识宝库的基础上,实现知识与知识之间、知识与生活之间、知识与人之间的融通、互惠、共长与完善。

首先,课程整合是一种设计理念,包括设计的目标、内容、形式、结构、实施与评价整个过程,在不受制于学科界限的情况下,由教育者和年轻人合作认定重要的问题和议题,进而环绕着这些主题来形成课程组织。基于课程整合理念的课程设计,将会以主题为中心,以相关的概念和活动为结构,以问题解决或组型形成为目标,以相关的学科知识为基础和支撑,同时,在真实的(或准真实的)生活情境中实施,充分调动个体的参与与互动,最终实现个体整体的人的意义上的成长和进步。

其次,课程整合是一种资源开发与组合的理念。在这种理念下,一切课程资源的价值在于被使用、应用和利用,那些不能被"用"的资源是没有价值的。对资源的"用"的目的在于发掘资源的教育价值、成长价值和生命价值,让资源通过"用"转化为个体的经验、组型和阅历,融入个体生命之中,并为生命的继续成长和完善奠定必要的基础。

再次,课程整合是一个开放性的、半结构化的实施过程。基于不同的主题,会有不同的概念和活动,也会有不同的资源和相关的知识基础;针对不同的个体或群体,也必然会有不同的理解、不同的组织形式和教学方式,呈现出不同的解读和效果;不同的教师对课程整合的理解有所不同,对于课程整合的

---

[1] James A. Beane. 课程统整[M]. 单文经,等译. 上海:华东师范大学出版社,2003:24-25.

具体方法的掌握程度也不同,其个人教育素质亦不同。所以,不同的教师必然表现出不同的课程整合状态。因此,课程整合是一个开放性的过程,需要根据主题、受众、实施者、资源配置等因素的情况,灵活地进行创造性的改造和重组。另外,课程整合也是一个半结构化的过程,这是针对课程整合的基本要求、基本原则、共同的资源配置策略、内在的整合逻辑依据而言的。

最后,课程整合在与知识的关系问题上,有独特之处。在课程整合的视野中,知识并非是"为未来做准备"的,而是随时随地要去应用、去完成的。在这个意义上,知识是活的,是用来被应用的,而非仅仅是为了储存到大脑中的材料。因此,无法被提取、被应用的知识,应当是没有价值的,也就不应当被纳入课程整合的知识范围内。可以说,把知识应用到社会和个人相关的重要问题和关注事项之上,消弭各种不同类型知识间的界限,应当是课程整合的突出特征。不同类型或学科的知识,在特定的问题和事项中被重新组织和定位,其范围和顺序则是由教师和学生依据对问题的关注程度而协同合作来进行安排的。同时,知识的应用价值得到较明显的重视,所有参与到课程整合过程中的学生,都有机会将知识应用到生活、社会和问题解决的过程中。正是由于课程整合的理念强调计划的参与性、知识的相关性及生活议题的真实性,因此才能够为更多的学生创造出更广泛地接触和应用知识的机会,值得教师和学生投入更多的时间和精力,来感受课程整合的价值与魅力。

(三)课程整合的具体表现

我国的新课程改革越来越强调课程整合,并把课程整合作为新课程改革的重要内容。2001年6月,教育部颁布了《基础教育课程改革纲要(试行)》,明确提出把"课程整合"作为改革目标之一,要求"改变课程结构过于强调学科本位、科目过多和缺乏整合的现状,整体设置九年一贯的课程门类和课时比例,并设置综合课程,以适应不同地区和学生发展的需求,体现课程结构的均衡性、综合性和选择性","小学阶段以综合课程为主。……初中阶段设置分科和综合相结合的课程,……高中以分科课程为主"。[①]

2003年,教育部又颁布了《普通高中课程方案(实验)》,从学习领域、科

---

① 教育部.基础教育课程改革纲要(试行)[Z].教基〔2001〕17号.

目、模块三个层面整体关注课程结构。语言与文学、数学、人文与社会、科学、技术、艺术、体育健康、综合实践活动构成了八大学习领域,共包括 12~13 个科目,每个科目由若干模块组成。①

可见,强调整合性、全面性、综合性是近年来新课程改革的突出特点,这些特点具体表现在我国教育的课程结构和科目设置上。

(1)课程目标的整合

在课程目标的设定方面,强调作为整体的人的全面发展,为学生的终身发展奠定良好的基础,重视三维目标(知识与技能、过程与方法、情感态度与价值观)的达成度,努力体现知识与能力、学习和应用的教育取向,体现人文与科学、课程与生活、课程与社会的相互作用。由传统的过分注重知识技能的掌握,转向现代的注重学生综合素质和应用能力的培养,以学生生活中的真实问题为中心,激发学生充分运用相关知识和技能解决问题的能力。

(2)课程设置的整合

在课程设置方面,教育部倡导小学设置品德与生活、品德与社会、科学课程,初中设置历史与社会、科学课程,以及从小学三年级至高中一贯开设综合实践活动。② 高中设置课程领域,又设置艺术、技术等综合科目。这能强化不同学科之间的沟通与联系,以综合课程、综合实践活动为突破口,打通分科课程之间的学科界限,形成一种知识互联的结构系统,让学生不仅能够理解不同学科知识间的联系,还能够利用这些知识及其联系解决生活中的真实问题。

(3)科目内的整合

科目内的整合主要是通过模块的综合化来实现的。将学科内相对比较集中的知识或主题组合成模块,模块之间存在一定的关联,所有模块共同反映学科的知识和能力结构。如,高中历史新课程标准按综合的思路设有 9 个模块,其中 3 个必修模块分别整体反映人类社会政治、经济、文化领域发展中的重要内容,包括 25 个古今贯通、中外关联的学习专题。③

---

① 教育部.普通高中课程方案(实验)[M].北京:人民教育出版社,2003:2-3.
② 教育部.义务教育课程设置实验方案[Z].教基[2001]28 号.
③ 教育部.普通高中课程方案(实验)[M].北京:人民教育出版社,2003:1-3.

(4) 学习方式的整合

对于学习方式的整合,目的在于将学生由被动学习的状态转变为主动学习的状态,由简单的、单向的接受式学习方式,转变为多元的、相互的理解性学习方式,重视自主、合作、探究的综合性学习,把有意义的学习和自主探究学习结合起来,把自主的独立学习和互动的协作学习结合起来,全面提高学生学习的主动性、自觉性和有效性。

(5) 课程内容的整合

在课程内容方面,改变过去脱离学生生活经验的内容构成,加强课程内容与学生生活及现代社会和科技发展的联系,关注学生的学习兴趣和经验,强化学校课程与个人生活、社会发展之间的互动关系,让学生感受到课程内容的社会价值,同时精选终身学习必备的基础知识和技能,为未来适应社会生活打下扎实的基础。

(6) 课程评价的整合

改变过去过分注重终结性评价的导向,提倡形成性评价和终结性评价相结合的综合评价方式,建立综合性的评价体系。① 从德、智、体、美等方面综合评价学生的发展,发挥以评价促发展的导向功能,为学校教育提供良性的价值指引;同时,在评价内容方面,强调多元整合,既要重视结构性的学业成就,也要重视过程性的学习方法、学习兴趣等,还要关注学生的潜能开发、心理健康、职业生涯规划等,促进学生全面发展。

(7) 课程资源的整合

从课程开发的视角,关注课程资源建设,不局限于校内课程资源,而是主动将资源范围由课内延伸到课外,由学校延伸到社会,只要是有助于学生身心发展的条件、活动和内容,都可以成为课程资源的来源。在课程整合的理念下,课程表现为各种教育资源的有机整合,是学生充分利用这些资源获得成长和进步的过程。

---

① 教育部.关于积极推进中小学评价与考试制度改革的通知[Z].教基〔2001〕26号.

第二节 课程整合的相关概念辨析

一、学科课程与课程整合

(一)学科课程的含义

学科是学生学习的装置,其中心任务是使学生习得基本的科学、艺术、技术,并借以形成认识能力。它们在课程中存在的根据是各自不同的认识方法和认识对象。就认识对象而言,学科可以分为以自然认识为对象的理科和以社会认识为对象的社会科;就认识方法而言,学科可以分为以文字和数字为中介的认识(主要是读、写、算)和通过色、形、音等表象认识客观实在的艺术性认识(音乐、美术、舞蹈、戏剧)。[①]

学校里的课程,主要是以不同的学科形式呈现的。学科课程是学校课程的主体,是依据知识的门类分科设置的。它是将人类活动经验加以抽象、概括、分类整理的结果,往往是相对独立、自成体系的,通常按特定知识领域内在的逻辑体系来加以组织。逻辑性、系统性和简约性是学科课程最大的特点。

学科课程是建立在不同的知识学科的基础之上的,而知识学科代表着不同门类的知识,是一种关于世界的某个方面、层面和领域的专门知识。不同门类的知识不仅代表着观看和解读世界的独特视角,也代表着一套解释和说明各种现象的思维方式和道理。此外,以学科的形式呈现的知识门类,还给对相同领域知识感兴趣的人们提供了一个合作与共事的机会,让志同道合的人们得以在共同学科的框架下开展一致的探究活动。

学科课程在学校里是以分科教学的形式呈现的,以分科的形式呈现的课程设计是当前学校课程的主要表现形式。学科课程是对每门学科知识的科学安排,将学校中相同或相近学科领域的知识连接起来,使它们成为一个体系。学科课程能保证所授知识与技能的完整性、连续性和严密性。同时,学科课程

---

① 钟启泉.课程的逻辑[M].上海:华东师范大学出版社,2019:53.

也给教师的教学带来了方便,教师具备学科专业知识,再借助课本往往就不难完成教学任务。因此,学科课程在古今中外的教育发展中一直居于比较重要的地位。

(二)学科课程的优势与不足

学科课程是学校课程的主体,分科教学是学科课程的主要实施方式。学科课程以知识学科为基础,以特定领域知识的逻辑结构为课程建构的基本依据,在学校课程实践中既有一定的优势,也存在明显的不足。

1. 学科课程的优势

首先,学科课程以知识学科为基础,遵照特定领域知识的展开逻辑,有利于系统、全面、准确地向学生展示特定领域知识的内容和价值。其次,以分科形式进行教学,有利于学生获得不同类别学科的基础知识和基本技能。最后,不同学科呈现的课程内容和结构,也有助于学校进行相应的考核和评价。对于教育评价来说,清晰的评价对象、明确的评价范围和规范的评价方法都是非常重要的评价因素。学科课程呈现了关于知识的明确的类别和范围,便于学校开展相应的目标考核和教学评价。

2. 学科课程的不足

学科课程也存在着不容忽视的不足之处,主要表现在以下三个方面:

第一,学科课程难免与日常生活脱节。学科课程的确是以知识学科为基础的,但作为基础的知识则是经过抽象、提炼和概括了的知识,是剔除了经验的具体、生动和复杂联系的特征之后而形成的结构化、系统化和精简化的知识体系。这些知识体系,尽管从其来源来看,源自真实的生活经验,但经过长时间的完善和发展,已然自成体系,因此就失去了最初的作为知识来源的经验的丰富性。对于学生来说,这些学科课程知识便很难被他们认识和理解,这是因为,一方面学生缺少必要的生活经验,无法将知识与经验有效联系起来;另一方面知识体系本身已经过抽象、概括和提炼,学生无法充分体会到知识的基础性和概括性。

第二,分科教学的形式割裂了知识之间原本存在的联系。当前学校教育实践中,分科教学依然是学科课程实施的主要途径。这种分科教学的形式,在便利了教学管理的同时,却割裂了各学科知识间原本存在的联系。从知识发生学的角度看,最初的知识是人类生活经验的凝聚和提炼,当知识积累到一定程度的时候,便出现了知识的分化,形成了关于不同领域的特定知识。知识的分化,带来了知识总量的增加和特定领域知识的专业化和精深化。分门别类的知识体系,催生出特定的专业领域,也形成了相应的学科知识体系。当前的学科课程教学便是在分科知识的基础上进行的,分科教学的突出特点是根据不同学科的逻辑结构展开知识的顺序安排,这种做法的必然结果是单独审视特定学科的知识体系,一定是科学的、符合逻辑的、循序渐进的,但是若从学生学习知识的角度来看,从学生接受各学科教学的角度来看,则很难说是合理的。因为所有学科知识都需要学生同时接受和理解,而学生又很难发现各学科知识之间的关联性和相通性,他们只能在大脑中形成关于不同学科的相对独立的知识记忆。事实上,这些知识之间是存在必然关联的,但这种关联性却被分科教学的形式抹杀了,而在课程研究领域中,不同学科知识在学生大脑中的关联性,又没能引起研究者的充分关注。因此,学科课程不利于学生发现知识间的关联性,阻碍了学生对知识的理解和应用。

第三,学科课程的教学方式不利于学生对知识的理解和应用。从学科课程的教学方式来看,当前主要采用的是讲授式教学。传统的讲授式教学的最大优势在于,可以高效、准确和系统地传授知识,能够保证将特定学科的基本知识和基本技能比较完整地传授给学生;其明显的不足在于,忽视了学生对知识的主动理解和内化,不利于学生融会贯通和学以致用,即使学生被动地记住或储存了一定量的知识,但由于缺少理解和内化,也很难在生活中应用,知识只会随着时间的推移,慢慢被淡忘。

(三)课程整合能够弥补学科课程的不足

针对传统的学科课程的不足,课程整合的出现,正当其时,可以在一定程度上弥补学科课程的不足。

首先,课程整合注重知识的整体性和关联性,有利于弥补学科课程中知识隔离的不足。传统的学科教学过于强调知识的结构性、学科性,无法呈现知识本身的整体性和关联性。而课程整合则倡导知识的整体性和关联性,在课程整合视野下,课程并不单单具有类似于学科专家所提供的范围和顺序,而是包括课程整合情境中的所有内容和活动,它们都属于课程的范围。课程整合强调课程源于生活,离不开生活,是生活以课程的形式呈现的特殊样态。

其次,课程整合注重学生的体验,是以学生感兴趣的议题为中心来组织课程内容,强调从生活、实践、问题出发来组织活动。在课程整合视野中,课程内容源自与学生的生活关联的、现实的、直观的具体问题,课程的组织形式以学生是否感兴趣、是否积极参与为主要价值取向,让学生在体验中学习,在经历中获得成长。因为只有源自真实生活的问题,才能让学生感受并把握知识的意义;只有确保学生感兴趣并积极参与,才能获得真实的生命体验,如此也就有利于学生对知识的理解和应用。

最后,课程整合与学科课程之间的本质联系在于,课程整合是一种关于课程设计、实施与评价的理念,而学科课程则是以知识学科为基础的课程建构方式。相对来说,课程整合更上位、更抽象一些。在教育实践中,常常存在一种误解,即将课程整合局限于课程内容的重新组合或相关知识的简单结合,或多学科的硬性融合。实质上,这些整合方式都只是外在的表现形式,究其本质,并未达成真正的课程整合。真正的课程整合,是一种注重知识整体性、关联性和系统性的理念,并不排斥以知识学科为基础的学科课程,更不是在学科课程的基础上进行简单的拼凑或表面的结合,而是围绕着特定的议题,将相关的概念、活动、资源等组合起来,构成一种问题情境,让学生处在这个问题情境中,并尝试运用相关资源,调动相关知识和技能,切实地解决问题。学科课程中蕴含的各类知识,在这种问题情境中,就是一种特殊的知识资源,是有助于问题解决的知识储备。

显然,课程整合与学科课程并非对立关系,而是两种不同的关于课程设计和组织的系统理念,二者间存在一定的关联。课程整合并不排斥以不同领域知识为主体的学科课程,"知识学科是一种有关于世界中某个层面的探究领域,例如:物理世界、事件在时间中的流变、数字结构等等。知识学科提供了一种观看世界的透镜,一套解释或说明各种现象的特殊技巧或过程。除此之外,学科也提供给人们一种社群的意义,使得具有共同兴趣的人们得以在这个学科领域中,扩展其知识的界限"[①]。以不同领域知识为主体的学科课程为课程

---

① James A. Beane. 课程统整[M]. 单文经,等译. 上海:华东师范大学出版社,2003:46.

整合提供了相应的知识资源,在课程整合的视野中,"知识学科所扮演的是一种资源供给者的角色,提供主题情境、相关议题和活动的资源"①。在真实的问题情境中,学生运用已掌握的各种相关知识来解决问题,在问题解决的过程中获得成长和进步,而不像在学科课程的学习中对知识进行简单记忆和储存。

二、综合课程与课程整合

(一) 综合课程的含义

综合课程是与学科课程相对的另一种课程形态。综合课程与学科课程是课程整合与分化的两种基本表现形式,二者间存在着明显的区别与联系。综合课程以论题、主题或问题作为教学的起点,注重知识之间的联系,以知识的建构论为理论基础,强调学生对知识的主动探索与应用,倡导知识与生活世界的关系,重视应用多种资源。相对来说,学科课程则是以学科知识体系为基础,遵循学科知识演进的逻辑来组织课程内容,注重学科知识的累积性,以知识的结构论为理论基础,强调学生对知识的记忆和理解,倡导知识体系的完整性和系统性,重视知识在学生大脑中的同化与顺应。

由此可见,综合课程与学科课程同以知识学科为基础,但在课程内容的组织方式、课程实施的侧重点、课程目标的达成方面存在明显的差别。从学生对知识的理解和应用方面来看,综合课程更有效;但从学生对知识的结构性把握和系统性理解方面来看,学科课程则更胜一筹;而从促进学生全面发展的角度来说,综合课程与学科课程都是我国学校教育课程实践中的重要组成部分,二者间是相辅相成、相得益彰的良性关系。

(二) 综合课程与课程整合关系的多元解读

对于综合课程与课程整合的关系,不同的学者持有不同的认识。有学者认为,"综合课程实质上是一种采用各种有机整合的形式,使学校教学系统中分化了的各要素和各成分之间形成有机联系的课程形态"②。综合课程是课程

---

① James A. Beane. 课程统整[M]. 单文经,等译. 上海:华东师范大学出版社,2003:52.
② 黄甫全. 课程理想与课程评价:世纪之交对课程评价指标体系构建的文化思考[J]. 华南师范大学学报(社会科学版),1996(6):60.

整合后的基本表现形式,将课程整合是对课程各要素进行重组的过程,而综合课程则是这种课程整合的结果。二者间是一种过程与结果的关系。

与这种过程与结果关系的观点类似但不完全相同的,还有另一种观点。有学者认为,"如果课程整合是一种动态的运作或行动,整合课程可以说是这种动态的运作或行动所呈现的各种结构、层次或图像"[①]。这种观点,一方面认可了课程整合是一个动态的过程,是对学校中的各种教学资源的重组和整合;另一方面却并不把综合(整合)课程仅仅看作这种过程的结果状态,还包括了过程中所呈现的"结构、层次或图像"。这种观点拓展了对综合课程内涵的认识,不仅包括最终呈现出来的结果形态,还包括了过程中即时生成的各种现象和资源。

还有学者从价值指向的角度指出,"综合课程是课程组织形式发展的基本方向,而课程整合是达到综合课程的基本途径"[②]。这就是说,综合课程是课程组织的一种基本形式,代表着课程组织形式发展的基本方向,而课程整合有助于实现综合课程,而且是实现综合课程的一种基本途径,虽然除此之外,还有其他途径。这种观点并未简单地将综合课程与课程整合的关系定位于"过程—结果"的线性联系,而是一方面强调了各自的独特价值,另一方面又突出了二者间相互成就、相互支撑的必然联系,这种相互联系是一种基本关系状态,不排斥其他形式的关系状态。

综合课程的重心在"综合",是对学科知识的重组和结合。这里的学科知识,既可以是跨学科的多种知识,亦可以是某一学科内部的不同方面和类型的知识。正如有学者所说的,综合课程就是"一种水平的课程组织,在学科内——更多的是在学科之间——进行内容、技能与价值观的联系"[③]。另外,也有学者提出,可以把综合课程界定为一个教学单元,此单元混合了一个或一个以上的学科教材。亦有学者提出,综合课程就是在单一学习主题下,结合领域知识的课程。

---

① 黄译莹.统整课程系统[M].台北:巨流图书公司,2003:45.
② 杨小微.综合课程与课程整合:兼谈综合性课程的动态生成[A].第四届课程理论研讨会课程统整比较研究,2002:235.
③ 张爽,林智中.课程统整效能的研究:批判性的文献回顾[M].香港:香港教育研究所,2004:34.

第一章 课程整合概述

(三)综合课程与课程整合的关系评述

从知识学科的角度来看,无论是综合课程,还是课程整合,都是对知识整体性、综合性和应用性的肯定,知识始终是综合课程的内容主体和课程整合的主要资源。"综合课程强调的是知识的相互关联,科目领域并未完全失去原有的面貌,学科仍有程度不一的完整性。"①无论是综合课程,还是课程整合,都离不开知识,在本质上都是对知识的重新组合和配置。

从学生的生活经验的角度来看,综合课程和课程整合都重视学生对课程内容的兴趣,重视课程内容与学生生活经验的关联,重视学生通过课程来反映自身和社会的生活。正如学者詹姆斯·比恩所言,只有一种形式的综合课程,那就是以学生为中心的课程。对于他来说,如果不以学生关心与提出的问题来组织课程,不管结合多少学科领域,都不是真正的综合课程。课程终究是要反映生活、指向生活并运用于生活的。因此,注重与生活经验相通、保持与生活经验的密切联系是综合课程和课程整合教育价值得以实现的基本途径。

尽管不同学者对二者关系的认识有所不同,但笔者认为,二者间本质上的基本关系依然是"过程—结果"关系。"课程整合是一个过程(process),综合课程是结果(result)。综合课程一定是课程整合以后的结果,但课程整合却不一定必然产生综合课程。课程整合重心在整合。正如霍普金斯所言,它描述的是一个包含着智慧、意志、互动、调整的行为过程。综合课程重心在课程,它是一种课程的基本形态。采用不同的课程整合模式就产生不同的综合课程的形态。"②

从根本上说,课程整合的目的在于"改善分科课程因学科分化所产生的区隔,以及流于零碎、不能统合,造成生活与学习脱节的现象"③。因为当前在学校教育实践中,以学科课程为主体的学校课程容易造成五种"联结薄弱"危机,即"学科与学科之间、教学者与教学内容之间、学生与学习之间、学生与自我之

---

① 黄志红.课程整合的历史与个案研究[M].广州:广东高等教育出版社,2013:77.
② 黄志红.课程整合的历史与个案研究[M].广州:广东高等教育出版社,2013:78.
③ 陈伯璋.课程统整的迷思与省思[M]//欧用生,陈伯璋.课程与教学的飨宴.高雄:高雄复文图书出版社,2003:21.

间、学生与世界之间联结薄弱"①。而课程整合则有助于化解这些危机,强化知识之间的关联,让学生在综合课程的情境中建立自己与外部世界的良性关系。

从当前的研究和实践来看,课程整合必然是课程发展的基本方向,但它在实践中依然遇到了一些困难、质疑和批评,部分是由于方法问题引致,更重要的是整个教育系统内各子系统不协调或相互牵制所造成的桎梏。因此,无须纠缠课程整合在形式上和层次上的差异,或综合课程背后的意识形态争论,更重要的是把眼光提升到教育整合的层面来思考课程整合发展的前景,亦要敢于突破课程整合的实践经验,真正配合知识社会的人才培养。无论如何,"随着课程整合在课程理论研究和实践上的发展,课程整合的概念及内涵越来越呈现整体化、综合化、多元化的取向。课程整合成为一种态度,是一种综合、全面的教育价值追求,是课程的整体育人价值实现的途径"②。

三、综合实践活动与课程整合

(一) 综合实践活动的含义

2001年,教育部印发的《基础教育课程改革纲要(试行)》明确指出:"从小学至高中设置综合实践活动并作为必修课程,其内容主要包括:信息技术教育、研究性学习、社区服务与社会实践以及劳动与技术教育。强调学生通过实践,增强探究和创新意识,学习科学研究的方法,发展综合运用知识的能力。增进学校与社会的密切联系,培养学生的社会责任感。在课程的实施过程中,加强信息技术教育,培养学生利用信息技术的意识和能力。了解必要的通用技术和职业分工,形成初步技术能力。"③

其中,信息技术教育就是要培养学生基本的信息素养,掌握基本的信息检索、发布、收集、整理的能力,学会辨别网络上各种信息的真伪和价值,能够找到自己所需要的信息。研究性学习,则是以学生的自主学习为基础,围绕生活和社会的特定主题,以个人或小组合作的方式开展探究活动,让学生通过亲身实践,形成直接经验,养成科学精神和科学态度,掌握基本的科学方法,提高综

---

① 黄译莹.统整课程系统[M].台北:巨流图书公司,2003:36.
② 黄志红.课程整合的历史与个案研究[M].广州:广东高等教育出版社,2013:84.
③ 教育部.基础教育课程改革纲要(试行)[Z].教基〔2001〕17号.

合运用所学知识解决实际问题的能力。劳动与技术教育主要对学生进行劳动观念和一般劳动技术能力的教育,帮助学生掌握基本的劳动技能,同时培养初步的职业意识,为将来的特定职业技能奠定良好的基础,也指导学生做好职业生涯规划。社区服务主要通过学生在本社区以集体或个人形式参加各种公益或志愿活动,进行社会责任意识、助人为乐精神的教育,为社区的建设和发展服务。社会实践主要通过军训和工农业生产劳动对学生进行国防教育、生产劳动教育,培养组织纪律性、集体观念和吃苦耐劳精神。学校可以结合实际,为学生走出学校、深入社会创造条件。

综合实践活动与传统的学科课程、综合课程有所不同,它更强调多种主题、多种任务模式、多种研究方法的综合,这种复合来自学生个体对实践活动主题的更深入认识和挖掘过程。综合实践活动课程属于国家规定的中小学必须开设的"必修课程",本质上属于活动课程的范畴,强调学生从活动中学习、从经验中学习、从行动中学习,有时也被称作"经验课程";同时,它也是一种独立于"学科课程"之外的课程形态,它不是其他课程的辅助或附庸,而是与其他课程具有等价与互补性、有着自己独特教育功能的课程形态,它代表着我国基础教育领域取得的课程体系结构性的突破。

(二)综合实践活动体现了课程整合的理念

综合实践活动与学科课程不同,是一种既有学科知识,又有活动内容,还有问题情境,更有学生深度参与的一种课程形态,是比综合课程的范围更广的课程,充分体现了课程整合的基本理念,是课程整合在学校教育实践中的主要载体。

1. 综合实践活动代表着一种课程范式的转换

传统的以学科课程为主体的课程范式,建立在范围明确的知识学科的基础上,注重知识的结构性、系统性和客观性,课堂教学的根本目的在于学生在教师的指导下将课程中的知识吸收或内化到自己的大脑中,实现知识结构的同化和顺应。而综合实践活动,则代表着一种课程范式的转换,这种"转换首先表现为课程概念的转变。综合实践活动所代表的课程形态不再是在教育情境之外固定的、物化的、静态的知识文本,而是在教育情境中由师生共同创生的一系列'事件',是师生开放的、动态的、生成的生命体验"①。这种范式的转换引起了传统课程理念的深刻变革,因为学生成了课程的中心。学生不再处于传统课程范式中的被动地位,而是成为课程中心,是课程实施的主要载体和主导建构者,处于课程范式中的主体地位。这样一来,课程也就不再是控制教学和学习活动的工具和手段,而是一种载体、内容、资源和途径,是师生借助课程追求意义和价值的基本过程。

这种范式的转换还意味着"教学成为一种生活,一种以精神交流和意义创生为主要目的人的生活,意味着教学消除师生作为'知识权威'与'无知者'之间的紧张关系,建立起师生之间以对话为特征的生命和情感的沟通;意味着教师摆脱'专业个人主义'的桎梏,建立协调、沟通与合作的教学方式,进行'协同教学'(team teaching);意味着知识不再作为永恒的真理接受师生的膜拜,而是作为探究的资本和创生意义的材料接受师生的质疑和拷问"②。

2. 综合实践活动是课程整合理念的典型代表

传统的学习观认为,学习就是一个"输入—产出"的过程,向学生大脑里输入知识,然后产出学生的能力和素质。教育质量就表现为学生学习的效果,也就是学生基于输入知识的数量和质量,而获得的产出的数量和质量。从学生在学习过程中的地位来看,这种学习观默认了学生处于被动接受的地位,学生被当作有待灌输知识的"容器",学生的主体性并未得到支持和肯定。比较有代表性的现代学习理论之一,建构主义学习观则认为,学习是一个知识建构的过程,是学生在自己的大脑里主动建构的过程,知识的意义和价值只有与学习者大脑中已有的知识建立了密切的关联才能获得。在建构主义学习观中,所谓学习,就是"学习者通过与客观世界对话、与他人对话、与自身对话,从而形成'认知性实践''社会性实践''伦理性实践'的'三位一体'的过程"③。

综合实践活动所体现的学习观就是建构主义学习观,强调学生的主体地位,重视学生在活动中的问题解决能力,注重学生的经验与知识间的互动联系,以培养学生的综合素质和知识运用能力为主要目的。在综合实践活动中,

---

① 钟启泉.课程的逻辑[M].上海:华东师范大学出版社,2019:123.
② 钟启泉.课程的逻辑[M].上海:华东师范大学出版社,2019:124.
③ 钟启泉.课程的逻辑[M].上海:华东师范大学出版社,2019:127.

学生可以获得两种经验：一是直接经验，二是间接经验。这里的直接经验，是指学生在活动中所接触到的自然、社会文化环境及各种学校教育资源，运用感官在感知这些环境、运用资源的过程中形成的直接的、生动的、真实的体验。间接经验则是指学生通过这些直接经验，可以感受或理解到经验背后所表征的价值与意义，获得关于生活和社会中的某些事情或现象的间接认识，形成某种基本的技能或素质。这些间接经验是综合实践活动所希望达到的重要目标。

综合实践活动体现了知识的整合。课程整合的基本要求就是围绕特定主题，组织相关知识，建构相应的问题情境，让学生在问题解决的过程中获得身心的发展。综合实践活动的设置以问题为中心，这里的问题不仅仅包括教学参考书或习题上集中的知识性问题，还包括来自生活、社会中真实存在的问题。以问题为中心，让学生自主收集跟问题相关的学科知识，超越学科课程对知识的既有界限，形成一种直面问题、直接分析问题、直达问题解决的活动思路，一改传统的、形式的、封闭的课堂教学模式，代之以理性、感性和情感相互交织的、积极的、主动的学习方式，实现多种学科知识在综合实践活动中的融合与统一。

事实上，综合实践活动与学科课程都是以知识和经验为基本内容的，二者间的根本区别"不在于是'知识'还是'经验'，而在于'知识'与'经验'的单元构成方法"①。学科课程是以学科的内容（题材）为核心，组织"知识"与"经验"的；而综合实践活动课程是以现实的主题（课题）为核心，组织"知识"与"经验"的。从课程编制（生成）原理的角度看，学科课程与综合实践活动课程体现了两种不同的编制（生成）模式，构成了相对独立的课程形态。在实施过程中，两者在内容上或许会出现相互碰撞的情形，但两者在整个课程架构中不是彼此割裂的，而是相互促进、相辅相成的。我们需要摆脱非此即彼的思维定式，求得两种课程形态的互补。我们的态度应当是，既可以根据同"分科学习"完全无关的主题展开综合实践活动，也可以根据同"分科学习"交叉重叠的主题展开综合实践活动。②

---

① 佐藤学.改革教学，学校改变：从综合学习到课程的创造[M].东京：小学馆，2000：135.
② 钟启泉.课程的逻辑[M].上海：华东师范大学出版社，2019：141.

第三节 课程整合的价值

一、对于教育教学的意义

课程整合作为与课程的分化相对应的课程设计形式,是"使分化了的学校教学系统的各要素及其成分形成有机联系,成为整体的过程"①。日本课程论专家佐藤正夫认为:"现代课程改革运动就是围绕着课程整合的问题展开的。"②

课程整合打破学科的界限,重组课程的各个要素,以真实世界中对个人和社会具有意义的问题或主题为教学起点,安排与知识有关的内容和活动,鼓励学生主动探索,将课程经验整合到意义架构中。学生亲身经历解决问题的过程,达成经验和知识、社会和生活的整合。联合国教科文组织国际教育发展委员会印发的《学会生存》报告指出:"目前教育青年人的方式,对于青年人的训练,人们接收的大量信息——这一切有助于人格的分裂。为了训练的目的,一个人的理智认识方面已经被切割得支离破碎,而其他的方面不是被遗忘,就是被忽视;不是被还原到一种胚胎状态,就是随它在无政府状态下发展。为了科学研究和专门化的需要,对许多青年人原来应该进行的充分而全面的培养被弄得残缺不全。"③

二、对于教材教法的改善

基础教育课程改革中,"课程整合"概念的提出和综合课程的设置,是为了促使课程的组织结构和内容设计朝更开放、更有活力的方向发展。一方面,重视课程领域的横向衔接;另一方面,强调课程的纵向连贯,让学生有意义、有系

---

① 黄甫全.整合课程与课程整合论[J].课程·教材·教法,1996(10):9.
② 钟启泉,张华.世界课程改革趋势研究[M].北京:北京师范大学出版社,2001:73.
③ 联合国教科文组织国际教育发展委员会.学会生存:教育世界的今天和明天[M].华东师范大学比较教育研究所,译.北京:职工教育出版社,1989:211.

统地学习,并且在学习的过程中联系社会生活和个人经验,学习终身学习必备的知识和内容。

在课程整合理念下,教材就是包含着多种知识的载体。教师可以有意识地根据某个特定主题,将教材中的内容进行适当重组与整合。这就需要教师具备一定的课程建设能力和课程整合的意识,具备一种对知识的整体性的认知与理解,还要具备一种与学生已有知识经验之间建立有效联系的能力。另外,在教学方法的使用上,也不再仅仅是像过去一样"照本宣科",而是要从整合的角度,打通知识之间的联系,让学生全面认识到知识原本就具有的关系。

知识,源于实践,又高于实践,是对在实践中积累的经验的抽象认识与整理。课程整合的过程,一方面,是打通知识间的联系,特别是不同学科知识间的联系;另一方面,更重要的是将这种抽象化了的知识适度还原为具象化的经验,让学生在自身经验基础上进行感知与理解。

因此,课程整合的理念可以帮助教师重新审视教材与教法,重新认识知识、经验与学生之间的关系,并主动以适合学生经验、符合学生理解能力的方式对教材和教法进行改善与调整。

三、对于学生发展的作用

为了使课程整合能在课堂教学中得到更好的落实,真正达到关注学生终身发展的内在需要,课程整合着眼于学生个性发展的价值追求,有利于培养学生自主学习和活动的兴趣,能有效减轻学生的课业负担。通过课程整合,学生对学习内容有了更多的期待与喜悦,这源自教师对学习内容的重新设计,得益于学习包的建设。每个单元学习之初,教师都会向学生讲明该单元整合后的目标、内容、检测方式、评价指标,并及时公布课程学习指导书,让学生明确本单元的学习目标、学习内容、整合点设计意图。教师以学习小组为单位下发学习包资料,这样就为学生的学习提供了大量的引导,调动了学生学习的兴趣和积极性。课程整合还融合了多种学习方式,通过小组合作研究学习,大大提高了学生的学习效率。课程整合以后,学生完全能节约出更多的课时去进行探究学习和实践活动体验,而教师也可以把这些课时调剂到一起,完成课程整合的设计。

课程整合有利于提升学生的学习力。课程整合实施的关键是注重课程资源与学生生活经验的调用和学生对活动体验的主动参与。正是由于整合后的单元目标明晰有序,学生的主动学习、合作学习、探究学习才有了更多的时间和空间,这也才算是真正落实了学生在学习过程中的主体地位。毕竟,课程标准特别强调了学生学习过程中不仅要掌握知识,而且要掌握获得知识的方法,为终身学习打下坚实的基础。

　　教师立足于学生的个性化学习,进行单元的面与点的各层目标整合和适时调适,充分利用丰富的课程学习包,通过整合设计,为学生设置合理的学习环境,创造出丰富多元的探究机会,让每一位学生像幼苗一样茁壮健康成长。从教学观的角度看,单元课程整合倡导的教学观有三个方面的指向:教学应是师生交往、积极互动、共同发展的生命过程;教学应重结果,更应重过程;教学应关注人的全面发展。在课程整合的教学中,教师智慧地运用现代教学观,结合单元的核心目标和重点知识,创设师生教学共生的境界,实现课堂教学的效益最大化。

第二章 课程整合的历史发展

课程整合的发展大概经历了近两百年的时间。在这近两百年的时间里，人类社会的知识总量、物质文明、科学技术、生活方式、生产资料等均发生了翻天覆地的变化。总的来说，课程整合的发展是伴着人类知识经验的发展而发展的，是在各门学科知识不断深化、变得专业化的基础上，尝试打破知识间壁垒，加强学科间联系的有益尝试。我国课程整合的发展进程与世界相比，虽有迟滞，且以引进式的译介为主，但总体上是伴随着课程整合的大趋势在发展的。

第一节 课程整合的发展阶段

课程整合的历史，大致可以划分为萌芽、发展、兴盛、衰落和复兴等阶段，每个阶段的发展重点有所不同，这主要是由不同阶段所处的历史背景、社会需求和教育重心的影响所致。

一、萌芽与发展阶段

课程整合起源于19世纪中期至20世纪初期，这一阶段的课程整合主要以德性发展和知识结合为重心，即课程整合的目的在于促进个体德性的发展，主要途径是在众多学科中，发现不同学科知识间的联系，尝试打通并建立密切的关系，并尝试将相近或相关学科整合成若干核心课程。这一阶段的代表人物主要有赫尔巴特、齐勒、麦克默里兄弟等。

赫尔巴特（即约翰·弗里德里希·赫尔巴特，Johann Friedrich Herbart，1776年5月4日—1841年8月14日）是19世纪德国著名的哲学家、心理学家，科学教育学的奠基人。在近代教育史上，没有任何一位教育家可与之比肩。他的教育思想对当时乃至之后百年来的学校教育实践和教育理论的发展产生了非常巨大、广泛而又深远的影响。在西方教育史上，他被誉为"科学教育学的奠基人"；在世界教育史上，他亦被称为"教育科学之父""现代教育学之父"。反映其教育思想的代表作《普通教育学》则被公认为第一部具有科学体系的教育学著作。

赫尔巴特认为，意识中包括多个彼此相关的观念，新观念进入意识必先经过意识阈，之后进入众多观念的组合体，成为其中的一部分。赫尔巴特称这一对新观念理解的过程为"统觉（Apperception）"，众多观念的组合体为"统觉团（Apperception Mass）"，即指由很多已理解的观念所组成的综合性意识，亦指当时的经验与知识。他曾发表过这样一个观点："最有教养的人具有最大、最有条理的统觉团，用以引导自己想要的生活。"虽然他的认识论具有唯物主义成分，但在真理检验的标准与事物本原问题上，这仍属形而上学的范畴。赫尔巴特提出的"统觉团"理念，在教育上的意义是，教师在教学生新观念或新知识时，必须考虑学生已有的经验（即统觉团）。

统觉理论是赫尔巴特心理学思想的核心内容，该理论指出，人的观念运动及观念间的相互作用有其自身的规律，这些规律可以通过意识阈、统觉团、注意、兴趣等概念进行阐述。赫尔巴特提出的观念统觉理论，与康德强调内在结合的力量不同，它是预先假定个体大脑中已存在了一定的观念，这些已有观念构成了新观念的背景，当新观念与作为背景的旧观念建立了联系后，新的观念便被吸收了，也就意味着特定的知识被理解和接受了。这就是说，学生对知识和观念的认识与理解，获得了心理学机制的理论支撑，由此，赫尔巴特提出了"教育心理学化"的著名论断。

从课程整合的角度看，赫尔巴特认为，人的心灵是一个统一体，具有自我意识的统一性特征，教育的终极目标是陶冶德性，强调心灵与心灵的整合及学习者新旧经验的相互关联。统觉的过程就是把分散的观念联合成一个整体的过程，即用旧观念来解释和整合新观念的过程。他认为，教育的终极目的是培养德性和意志。孤立的、支离破碎的教材不利于德性或以意志为核心的完整人格的形成。①

齐勒是赫尔巴特的学生,他继承了赫尔巴特的教育理论和思想。他认为,教育的终极目的依然是陶冶德性,而要实现这种目的,仅仅依靠宗教的指导是不够的,还需要通过多种多样的内容,建立以众多知识为主题的课程,借助课程才能统一儿童的意识和观念,这既保证了教育目的的实现和人格的陶冶,同时又让学生掌握了相应的知识和技能。齐勒认为,个体理解观念的过程仍然是统觉的过程,但是这种观念的整合,必须借助于一定的知识学科,是以知识学科为中心而形成形式和实质的整合。同时,这些学科还可以陶冶情绪,并与意志结合,唤起意欲,成为个体行动的内在源泉。在齐勒看来,这些学科就是指历史、文学、宗教。齐勒的课程整合以历史为线索,穿插文学和宗教,从而形成整合的中心,直接或间接地同其他学科、教材相关联。

在课程整合的视野内,齐勒倡导学科的中心统合,他提出,以情操教材同道德、宗教的人格形成直接相关为中心,围绕这个中心,他配置了三种学科群——历史与理科、语言与数学、地理与技术。而处于中心地位的情操教材,汲取生物学上的缩影原理,根据受教者的文化阶段安排对应的年级教材。这就是所谓的"中心统合法"的改革。② 这样改革的目的在于,避免了大量学科的同时学习可能给学生带来的认识和理解方面产生矛盾或混淆的问题,以免给观念和意识的统整带来不必要的麻烦。这种在学校课程中设置若干个中心学科,其他学科围绕这个中心学科展开的形式,对课程设计、建构与实施产生了较大的影响。

麦克默里兄弟深受赫尔巴特思想的影响,在齐勒提出的"中心统合法"的基础上,又进行了批判性的修正,提出了课程的"地理中心整合论"。他们拓展了齐勒的教育目的,认为,教育不仅仅是为了培养德性、陶冶人格,还要促进个体的身心健康,提升个体的社会适应能力,使个体成为道德良好且能够适应社会的公民。在课程设置上,麦克默里兄弟以地理取代齐勒的历史,把地理学科作为知识科目结构中的核心,并提出课程整合的关键是选择和确立适当的组

---

① 张华.课程与教学论[M].上海:上海教育出版社,2000:46.
② 佐藤正夫.教学原理[M].钟启泉,译.北京:教育科学出版社,2001:62-162.

织中心,通过组织中心,把不同科目的知识协调成为一个单独的学习项目。①

总的来说,课程整合源于以赫尔巴特为代表所提出的统觉理论,强调观念的联系与统合;在课程设置上,以几个中心学科为主体,其他学科围绕中心学科展开;个体通过课程的学习,获得德性发展、身心发展和社会适应能力的提升;个体对知识和观念的学习,就是将课程中所蕴含的知识和观念与个体中已有的知识与观念建立联系的过程。心理学机制成为课程整合和教育发生的内在逻辑依据。

二、兴盛阶段

课程整合发展至20世纪20年代进入兴盛阶段,一直持续到20世纪40年代。这一时期主要受到进步主义教育强调"儿童中心"的影响。这一阶段的课程整合,强调以儿童的兴趣、经验为中心来进行课程整合。课程整合的重心由知识转向了儿童,儿童成为课程整合的主体。儿童的体验、感知和理解进入了课程研究者的视野。

课程整合发展到这一阶段,代表人物主要有齐勒、帕克和杜威。

著名的课程理论研究者齐勒提出了"文史宗中心整合论",即以文学、历史、宗教三大学科为中心,整合相关的知识学科。这一论断一方面是值得肯定的,因为他从众多学科中,确立了文学、历史和宗教这三个具有高度整合性的中心学科;另一方面,因为具有与当时德国反动教育政策相一致的保守性,他也受到了批判和质疑,并且以这三个学科为中心显然过于狭隘、偏激。

帕克是与齐勒同时代的另一位教育家,他特别重视儿童时期的教育,对儿童的发展满怀同情和浪漫的理想,形成了一切从儿童出发,以儿童为中心的课程整合理论。他注重以儿童为中心与以问题为中心的教育方法,以儿童的需求作为课程整合的设计原则。在他的专著《中心整合法的理论》中,他详细介绍了"儿童中心整合论",即以儿童的兴趣、经验及儿童关注的问题作为课程整合的中心。他认为,儿童就是被规划和组织起来的学校教育工作的中心,学校里开设的一切课程都要与儿童的经验相关,要切合儿童的认知水平,从儿童的

---

① 布鲁巴克.西方课程的历史发展(下)[M].丁证霖,赵中建,译//瞿葆奎.教育学文集:课程与教材(上册).北京:人民教育出版社,1988:88-117.

经验世界出发来组织各种实践活动。"帕克的做法,为后来在20世纪初风靡一时的以儿童为中心(child-centered)的整合运动勾勒出了主要的蓝图。"①进步主义教育运动将以儿童为中心的理念推到了更高的地位。因此,帕克被杜威称为"进步教育之父"。

19世纪末和20世纪前期,欧美的教育革新运动主要包括美国的进步主义教育运动和欧洲的新教育运动。二者皆以反对传统教育为己任,把儿童作为教育的中心,强调教育与社会生活的联系,重视课程的改革,主张以科学和生活代替古典知识在学校中的主导地位,重视儿童的自由、兴趣、主动性、经验及活动在教育教学过程中的作用,提倡个别化的教学方式等。两者之间虽存在着许多共同点,但由于其发生的背景、发展的过程及对改革的着眼点不同,又使其表现出诸多的不同之处。

进步主义教育运动试图通过对传统教育的"全面清算",建立起一种全新的、符合现代工业社会要求的教育制度;它对传统的批判是彻底的,在教育改革中占主导地位的是激进的批判和全面的指责;它力图通过对西方教育传统的深刻反思,在现代工业社会的基础上,以新的理论为指导,建立起以儿童为中心、以人的解放和社会进步为目的的新的教育秩序。而新教育运动对西方教育传统的"反叛"远没有进步主义教育运动那么激烈,他们试图在总结近代教育发展的基础上加以创新。如果说进步主义教育运动是激进的、全面的教育改革的话,那么新教育运动则是较为温和的、在继承基础上的创新与改良。

进步主义教育运动是美国19世纪末兴起的社会改良运动,它反映了美国城市中小资产阶级和大资产阶级自由派的社会改良愿望。因为当时的美国处于从农业国向工业国、从自由资本主义向垄断资本主义过渡的时期,而资本的逐渐垄断给社会带来了各种弊端。进步主义教育运动旨在反对工业社会的政治、经济弊端,力求同时改革教育和社会事物,以此揭露公立学校中存在的各种严重问题。

进步主义教育运动抛弃了传统教育中知识中心、教师中心、课堂中心、教材中心的观点,提出了活动中心、经验中心、儿童中心、作业中心的观点;它强

---

① 黄译莹.统整课程系统[M].台北:巨流图书公司,2003:39.

调对儿童的身份和地位进行重新认识,改变了传统观念中对教师地位和作用的看法,在学校教育理念、课程设置、教学方式等方面均引起了较大的变化。

著名的"八年研究"课程改革的一个重要方面是突破学科间的界限,由原来的学科本位课程转变为以几个学科为主的核心课程(core curricula),如阅读、写作、语法等科目整合为"语文",历史与地理整合为"社会",物理、化学等则整合为"科学";课程内容的安排亦更多地考虑学生的兴趣,着重培养学生适应生活的能力,并收到了显著效果。① "核心课程"的组织内容主要是以社会为中心,具体包括两个方面:一是社会功能核心,二是社会问题核心。前者是基于普遍而基本的社会生活领域来设置课程,后者则以社会问题的分类作为设计架构。

在课程整合方面,进步主义教育运动强调以儿童为中心整合课程内容和资源,课程设计要以儿童学习经验的发展为课程组织的核心,以各种活动培养儿童互助合作的民主社会生活方式。其代表人物杜威认为:"已经归了类的各门科目,是许多年代的科学的产物,而不是儿童经验的产物。儿童的生活是一个整体,他们从一种活动转到另一种活动,从未意识到有什么转变和中断,而是结合在一起的。儿童一到学校,多种多样的学科把他们的世界割裂和肢解了。"②

同时,杜威认为,教材不应当是某些固定的、现成的东西,而应当与儿童的经验结合起来。"进入儿童现在经验里的事实和真理,和包含在各门科目的事实和真理,是一个现实的起点和终点。"③正如他在芝加哥大学实验学校开展的教育实践中提出的那样,"主动作业"是课程的组织中心,作为学习内容的学科只是帮助学生解决问题的资源,而活动则是二者间联系的桥梁。可见,杜威将以知识为主要内容的学科与学生的经验紧密联系起来,并通过活动来实现二者的贯通,促使学生在活动中既获得了相应的知识,又实现了自身经验的增长与重组。

杜威在课程整合方面的观点可以归纳为以下几点。

---

① 杨光富."八年研究"的贡献及其对我国教育改革的启示[J].外国教育研究,2003(2):19.
② 黄志红.课程整合的历史与个案研究[M].广州:广东高等教育出版社,2013:33.
③ 杜威.杜威教育论著选[M].赵祥麟,王承绪,译.上海:华东师范大学出版社,1981:116–117.

第一,教育的根本目的是儿童发展。杜威批判传统教育的目的来自教育之外,是社会强加给教育的。他提出了"教育无目的论"的著名论断,即教育在自身之外是没有目的的,"教育过程本身就是其目的",这也就是说,教育的根本目的在于促进儿童的身心发展。

第二,课程的实质是以经验为中心整合儿童和知识。杜威以他的经验自然主义哲学思想为基础,对强调一切从儿童出发的极端"儿童中心论"与强调一切从课程出发的"科目中心论"进行了批判性分析,指出它们均走进了割裂儿童与课程的极端的、片面的误区。他坚持用整体的、变化发展的、联系的观点来看待儿童与课程,这样它们便成了一个整体,具有统一性。

第三,创造出了新的"社会活动中心"课程模式。杜威宣称:"学校科目相互联系的真正中心,不是科学、不是文学、不是历史、不是地理,而是儿童本身的社会活动。"这样,通过儿童的社会活动,教材里的成人经验可以内化到儿童自身的经验之中。教师、教材和课堂都不再是中心,课程中各个科目的联络中心也变成了儿童的社会活动。这些社会活动又被叫作"作业",它们既是社会生活中存在的,也是家庭生活里不可缺少的,还是学校可以组织进行的。

第四,引导课程实现了从"学科"到"活动"的历史形态转型。20世纪30年代,美国进步教育协会为了将活动课程理论转变为实践形态,开展了史称"八年研究"的课程改革运动,促使美国中小学及幼儿园普遍实施了活动课程。这一理论和实践模式,以后逐步传到东西方许多国家,逐步占据了课程的主导地位。

总的来说,这一时期的课程整合,是针对赫尔巴特主义课程理论而展开讨论的,否定了各种以学科主题为中心的传统观点,主张以学生的兴趣、爱好、动机、需要等为价值取向,以儿童社会活动为中心来研制课程。课程整合应立足于维持、激发和培养儿童的兴趣,以儿童经验为主,将特定科目与儿童直接经验的世界联系起来,将学科知识内容整合到儿童的主题活动中,通过设计各种不同的活动,将学科逻辑的知识和内容与儿童个性化心智发展统一起来,使活动与学校的学习融为一体。

三、衰落阶段

20世纪40年代中后期至70年代,课程整合逐渐进入衰落阶段,这主要是因为人们在强调以儿童为中心进行课程整合后,渐渐地忽略了重要学科知识的学习,以至于学生所习得的知识不够系统、全面,也无法反映社会生活,导致许多人的社会适应能力偏低。特别是在开展了"八年研究"之后,人们固然发现了课程对于学生兴趣和需要的尊重,以及对于促进学生成长的积极作用,但同时也发现了以儿童为中心的课程设置会导致知识的零碎、不系统、理解不透彻等问题。

另外,保守主义开始对进步主义的课程取向做出批评,认为进步主义的课程造成了越来越多的青少年出现学业问题,学生的学术水平下降,综合素质不高,对国家的安全与发展不利。特别是1957年苏联成功发射人造卫星,直接引发了美国社会对薄弱的基础教育的关心与重视,"回归基础教育"成为教育发展的主流。

苏联在1957年10月4日成功发射了世界上第一颗人造卫星——"斯普特尼克1号",开创了人类航天的新纪元,震惊了整个世界。这是人类第一次发射的无人操纵太空飞行器,它位于地球大气层之外,在围绕地球的行星轨道上运行。美国政府为之震惊,意识到苏联的运载火箭可以把核武器投送到美国的任何地方,因此在不到一个月的时间里,总统艾森豪威尔任命麻省理工学院院长担任白宫科学顾问,开始在全国强调数学和科学教育的重要性,并成立了国家航天局,负责美国航天事业开发。美国民众则把目光投向了公立学校的教育质量上,责备美国的宇航技术落后是学校教育质量下降所致,进而认为这是进步主义教育偏废基础性、系统性,降低学术标准所造成的恶果。美国政府很快就将国防建设与教育紧密地联系在了一起,并于1958年颁布了《国防教育法》,确立了以培养高科技人才为目标的教学新体系,从而拉开了世界规模的教育竞争和教育改革的序幕。

此后,美国中等学校的课程设置又回到了以知识为中心的分科形态,以儿童为中心的课程整合逐渐式微,课程整合的发展逐渐进入衰落阶段。1960年,布鲁纳出版了《教育过程》一书,该书强调学科结构,学科本位的分科课程再度盛行,综合课程逐渐为人淡忘。"整合"一词在教育索引里出现的次数逐渐减少。①

总的来说,课程整合逐渐衰落的根本原因在于过于强调以儿童的经验和问题为中心,过于注重儿童的主观认知和理解,以至于忽略了知识的结构性、系统性和联系性,导致学生无法掌握最基本的知识和技能,无法遵循从易到难、从基本到专业、从浅到深的知识增进逻辑。以儿童为中心的课程整合的衰落,引起了以社会为中心、以知识学科为中心的回归与复兴,对于学生基础知识和基本能力的强调,在很大程度上就反映了人们对于课程知识价值和作用认知的回归,但这种回归不是简单的反复,更不是倒退,而是一种纠偏,是对片面忽视社会需要的强调,是对过于注重儿童中心的矫正。

20世纪40年代中期开始,美国展开了声势浩大的经验主义"综合课程运动",该运动的理论指导者之一霍普金斯认为,要改变传统教育的弊端就得寻找一条使分科课程一步步迈向综合课程的道路。在他看来,从分科课程到综合课程存在四个阶梯:①相关课程,实质上是分科,但将彼此有关联的学科加以沟通,局部综合。这是初级的综合。②广域课程,由相近的学科群组成一个大学科。③核心课程,由核心学科和外围学科组成。④经验课程,主张完全依据学生的经验与活动加以统合。然而,无论是相关课程、广域课程、核心课程还是经验课程,都未能实现课程的真正统合。赫尔巴特的"相关统合"是基于教材自身性质的课程的"逻辑统一",杜威的"经验统合"是基于儿童需求的课程的"心理统合"。课程的真正统合唯有通过"相关统合"与"经验统合"的有机结合才能实现。

在当今时代,历来扎根于分科主义的学校课程正在面临来自"全球问题"与"现代儿童问题"的挑战。学校课程必须实现信息化与国际化,以儿童的生活、经验为基础,致力于解决全球问题。把全球问题与儿童的生活经验整合起来,构筑"跨学科课程(inter-disciplinary curriculum)"或"学科交叉课程(cross disciplinary curriculum)"的研究,为学校课程的设计开拓崭新的视野。

---

① James A. Beane. 课程统整[M]. 单文经,等译. 上海:华东师范大学出版社,2003:35,38.

四、复兴阶段

自 20 世纪 80 年代至今是课程整合的复兴期,这一阶段的课程整合为多元取向的整合方式,兼顾学科知识的结构性、系统性和儿童自身的经验性、主体性。苏联卫星发射升空后,美国社会掀起了"回归基础教育"的热潮,特别是《国防教育法》颁布后,美国基础教育对知识的重视与强调异乎寻常,课程内容迅速增加,这就导致了许多内容显然过于零碎、重复,而且相互间的联系不紧密,而社会上要求增加的课程范畴亦很多,在有限的教学时间内要教授太多的东西成为当时课程改革亟须改善的问题。①

在这种教育导向下,美国的基础教育的确取得了良好的效果,学生的基础知识和技能得到了必要的强化,对知识的掌握也更加系统化、结构化,学生的综合素质和社会适应能力得到了明显提升。但是,教育内部依然出现了不容忽视的问题,即课程内容繁多,知识学科间的划分标准不一,导致学生的课业负担过重,学生对知识的理解不充分,应用能力不足,进而影响了学生创新能力的发展和提高。

于是,到了 20 世纪 80 年代,"课程整合"的理念又引起了人们的关注。当时的幼教专家倡导实施"全语言教学(whole language)",并将其扩大到其他教学领域,科学教育专家通过"科学-技术-社会"进行的课程整合也开始取得一些成就。在这种背景下,许多课程理论研究者开始重新探究整合的概念及其在课程组织上的意涵。脑科学研究的新进展、学习理论特别是建构主义的学习理论为课程整合提供了理论依据。因此,从 20 世纪 80 年代开始,"课程整合"又开始成为课程改革的一个热点,并呈现出一种多元发展的状态。"整合"一词意指多学科取向、科际整合取向,以所谓"跨学科""超学科""科际""多学科"的形式出现在各种文献中。②

20 世纪 80 年代,日本也开展了类似于课程整合的尝试——"合科学习"。正如其倡导者木下竹次所说的,"合科学习"的根本任务在于变传统教育的"他律学习"为"自律学习"。这种课程的重要意义是使每一个儿童构筑起"知

---

① James A. Beane. 课程统整[M]. 单文经,等译. 上海:华东师范大学出版社,2003:145-178.
② James A. Beane. 课程统整[M]. 单文经,等译. 上海:华东师范大学出版社,2003:41.

识的网络"。这种"知识的网络"不仅是记忆现成的知识、概念,还是基于每个人的主体性学习所构筑的能动的"人类知性"。①

到了20世纪90年代,美国又出现了一种"人性中心"课程思潮,这种思潮强调在课程上加深对于人的普遍本性的理解,培育基于文化与民族的多元主义的全球视野。在这种思潮的推动下,教育日趋人性化,以人为中心的课程整合思想又引起了人们广泛的关注,于是就产生了关于课程整合的多种模式,如"跨学科课程模式"(环境教育、能源教育、国际研究)和"一体化课程模式(STS)"等。受这种思潮的影响,世界上多个国家均出现了课程整合的新型方式,如英国的"交叉课程"、德国的"合科教学"、加拿大的"综合学科群"、日本的"综合学习"、我国台湾地区的"学习领域",都体现了学科整合的大势。以加拿大不列颠哥伦比亚省的"综合学科群"为例,从1992年开始,该省的学校的学科课程进行了大幅度的整合。一年级至十年级的学科被整合成如下四个"综合学科群":①人文——英语、外语、生活科、社会科;②科学——算术或数学、科学;③艺术——舞蹈、戏剧、音乐、美术;④技术——商业、家政、体育、工业技术。②

课程整合的复兴与20世纪末以来亚洲地区的课程实践有着密切关系。在亚洲的一些国家和地区,整合课程和课程整合是面向21世纪课程改革的一个重要内容。如日本设置"综合学习时间"课程,并在初中和高中的学习纲要中主张沟通各类课程之间的关系,在各类课程中渗透国际理解教育、信息技术教育、环境教育和健康教育。③ 1981年,香港当局发表了《小学教育及学前服务绿皮书》,决定在小学一年级至小学三年级推行"活动教学法",鼓励学校进行主题教学;1990年,又发表了《教育统筹委员会第四次报告书》,建议新成立的课程发展处要研究如何在小学及初中阶段促进各学科的"课程统整"。香港回归祖国后,2001年香港课程发展议会公布的《学会学习:终身学习,全面发展》文件强调,综合学习经历(综合科目)和以学科为本的研习(例如物理)对

---

① 佐藤正夫.教学原理[M].钟启泉,译.北京:教育科学出版社,2001:86.
② 柴田义松.教育课程[M].张梅,胡学亮,译.长春:吉林文史出版社,2005.
③ 熊梅.当代综合课程的新范式:综合性学习的理论与实践[M].北京:教育科学出版社,2001:95-103.

学生同样有裨益,故此,须让学生有机会同时接受两种研习方式。此外,该文件还建议学校采用弹性模式组织学习内容,例如在"个人、社会及人文教育学习领域,采用不同的课程规划方式,例如订立共同主题来联系不同的科目,统整课程模式"①。

总的来说,这一时期的课程整合是以跨学科的课程设计或综合学习的形式出现的,侧重于学科取向,即以打通多学科知识间的壁垒为突出特点。正如有研究者指出的那样,"这一时期的综合课程主要是恢复了杜威的儿童中心的经验主义的课程思想,重视学生的兴趣和需要,从学生的角度构建综合课程学习的内容"②。从课程整合的角度看,这一时期的课程整合发展,一方面源于对学科知识的重视与回归,另一方面源于对儿童中心的纠偏与矫正。事实上,课程整合既不能脱离知识的基础,又不能离开学生主体的建构和理解。另外,课程整合的最终目的是提升学生的素质,强化学生的社会适应能力,不能脱离社会的需要。因此,如果课程整合的概念只关注学生的学习,而忽略了与社会环境、发展议题的关联和结合,那么课程整合将失去其赖以存在的社会基础和价值取向,而且不利于个体今后的社会适应,更不利于社会意识的培养和公民社会的形成。

课程整合的复兴意味着知识之间、知识与学生之间的密切联系,是学生个体经验、社会共同经验的意义融合,是连接各学科知识的纽带。同时,课程整合在复兴阶段,呈现出了更加多元、更加多样的表现形式,不仅仅发生在学科内、学科间,而且在具有明显社会影响的主要议题和学生关注的经验上,也有特定形式的表现;此外,从课程整合的内部看,不仅包括设计环节的整合,还有实施环节的整合、评价环节的整合,以及学生发展综合素质方面的整合等。课程整合代表着未来课程发展的新样态,同时在一定意义上也代表着教育发展的新方向和新范式。

---

① 黄志红.课程整合的历史与个案研究[M].广州:广东高等教育出版社,2013:36.
② 熊梅.当代综合课程的新范式:综合性学习的理论与实践[M].北京:教育科学出版社,2001:19.

第二节 我国课程整合的实践探索

我国课程整合的发展历程,从总体上看,是从理论译介开始,慢慢地在政策上加以引导,再逐渐在学校实践领域深化落实的过程。从我国的文化知识积累及呈现方式来看,我国早在两千多年前就开始了课程整合,儒家的很多经典都是包罗万象的,与日常生活的关系很密切,涉及为人处世、洒扫应对、待人接物等最基本的生活方式和行为规范。近代以来,自西方视野中的课程整合概念出现后,我国课程研究专家便积极译介、学习,也掀起了课程整合的热潮。

一、我国课程整合发展的历史渊源

从历史上看,我国的课程整合理念最早可以追溯到儒家的蒙学典籍。传统蒙学教育的授课内容粗分为两大类:一类是综合性读物,如《三字经》《千字文》《急就篇》等;另一类是专门性读物,如《百家姓》《弟子规》《增广贤文》等。蒙学教育一般都是从最基本的识字入手,逐渐融入生活常识、历史故事、诗词歌赋、人伦道理,反对过于抽象的空洞说教,重视将知识性、伦理性和趣味性融为一体。[①] 这些典籍的内容贴近生活、通俗易懂,既能培养学生的德性,又能提高学生适应社会的能力,而且又是学生能够理解的主题和内容。在这个意义上,我们可以说,儒家的蒙学典籍构成了我国课程整合的思想渊源。

二、课程整合在近代的理论译介阶段

近代以来,在课程整合方面,我们可以追溯至1902年清政府颁行的《钦定学堂章程》,该章程规定小学阶段设置格致课,中学设置博物课,博物包括植物、动物、矿物。这个学制实行不到一年即被废止。1904年清政府颁布了《奏定学堂章程》,除了保留上一学制中的博物课程外,还专设物理及化学、法制及理财等课程,如物理与化学要求讲理化之义,使学生知物质自然之形象及其运

---

① 黄书光,王伦信,袁文辉.中国基础教育改革的文化使命[M].北京:教育科学出版社,2001:1-2.

用变化之法则与人生之关系,以备他日讲求农工商实业及理财之源。① 这两门课程是我国近现代学校课程中综合课程的雏形。

辛亥革命后,1912年民国政府颁布的《普通教育暂行课程标准》,其科目设置取消了读经、讲经等课程,保留博物、物理及化学、法制及理财等课程,并增加了自然科学的课时。1922年,当时的全国教育联合会组织并起草了新学制课程标准,并于翌年公布了《中小学课程标准纲要》,纲要中的综合课程的门类比以往多,综合的程度也比较高。如将初小的卫生、历史、公民、地理合为社会科,初级中学以社会、言文、算学、自然、艺术、体育组织教学,其中,社会科包含公民、历史、地理,言文科包括国语、外国语,艺术科包括图画、手工、音乐,体育科包括生理卫生、体育。② 普通高中分成两组,一组注重文学和社会科学,一组注重自然科学。而在公共必修项目中都设置了人生哲学、社会问题、科学概论等综合课程。③ 此后的国民党政府时期基本沿用了1922年的新学制,但为了政治统治的需要,科目分类更为细化,统一教学标准,控制教学内容。④

这一时期,我国翻译并引进了许多教育著作。1862年京师同文馆成立,标志着我国办西式学堂的开始,也是译介西方理论书籍的开始。译书事业作为洋务教育内容的一部分,与新式学校教育有着一定的联系。从19世纪六七十年代至90年代,我国翻译出版西学书籍有三个中心:一是京师同文馆,由美国传教士丁韪良主持,所译述的书籍以公法为主;二是江南制造局,于1868年设立翻译馆,由英国传教士傅兰雅主持,所译述的书籍以制造为主;三是美国传教士主办的广学会,所译述的书籍以宗教为主。这一时期译书的主要内容是介绍西方的器物技艺和自然科学,译书仿式基本上是外国传教士口述,中国人笔录,但也出现了像李善兰、徐寿、徐建寅、华蘅芳等极少数中国早期科技知识分子,移植并发展了近代意义上的科学技术。以外语、军事和工艺技术为主体的洋务教育,具有近代教育所特有的、与现代化生产关联的自然科学知识内涵。这些译书"后有经学堂采为教科书者",而且促成了各种西学教育思潮的

---

① 江山野. 世界中学课程设置博览[M]. 长春:吉林教育出版社,1989:113.
② 胡金平. 中外教育史纲[M]. 南京:南京师范大学出版社,2001:304.
③ 江山野. 世界中学课程设置博览[M]. 长春:吉林教育出版社,1989:145.
④ 胡金平. 中外教育史纲[M]. 南京:南京师范大学出版社,2001:306-307.

第二章 课程整合的历史发展

兴起。

19世纪60—90年代,西学翻译中直接介绍西方教育的书籍尚不多见,且着重于课程内容的介绍。最早引进西方学校课程的是《西学课程汇编》,出洋肄业局译,明州沈敦和校订,未署出版年份,据梁启超《读西学书法》中所记,为1890年出版。该书汇集了英国格林书院、政治学馆、泾士学堂,法国沙浦制造官学堂、汕答佃矿务学堂、白海士登监工学堂和赛隆匠首学堂等七八所学校的课程单或章程,并分门分年定出"份数"(学分)。该书所选课程限于西方军事技术、工艺制造和其他实用知识,是当时中国留学教育和新式学堂制订课程计划的重要参考。①

20世纪初期,我国社会整体上处于动荡时期,追求国家统一和社会稳定是全国人民的共同追求,许多仁人志士提出了"教育救国"的响亮口号,试图通过发展教育,为国家培养人才,救亡图存、富国强民。当时涌现的许多近代教育家就是典型代表,比如,陶行知提出了著名的"教学做合一"的教学思想,他围绕生活中的各个主题,展开了一系列的课程整合尝试。黄炎培提出了"手脑并用""做学合一""理论与实际并行""知识与技能并重"的主张,强调教育应与社会生产生活紧密相关,他还联络教育界、实业界知名人士在上海发起中华职业教育社;黄炎培认为,课程建设应当兼顾社会中的职业分类,让学生围绕特定职业学习相应的知识和技能。还有创立生活教育理论的陈鹤琴,提出了以"做人,做中国人,做现代中国人"为三大目标的目的论、"做中教,做中学,做中求进步"的方法论及"大自然、大社会,都是活教材"的课程论;他认为,生活教育的教育目的是"从儿童生活出发,完成儿童的完整生活",儿童的活动没有课内课外之别,没有固定的课程时间表,完全视儿童的兴趣和需要而定;陈鹤琴还提出要以自然、社会作为课程,打破分科教学的课程模式,采用单元编制或活动中心编制,并提出以体现儿童生活整体性和连贯性的"五指活动"作为具体课程。② 这些近代教育家的教学尝试都体现了教育救国的共同追求,在课程整合方面都强调要与生产、生活密切相关,也都注重学生的经验和主动建构意识。

---

① 蔡振生.近代译介西方教育的历史考察[J].北京师范大学学报,1989(2):16-22.
② 熊明安,周洪宇.中国近现代教育实验史[M].济南:山东教育出版社,2001:700-708.

三、教育政策引导下我国课程整合的实践与发展

中华人民共和国成立以后,我国在课程设置方面也强调综合化取向,将社会生产和生活作为课程内容的主要来源,这一方面是由于中华人民共和国成立初期,百废待兴,社会结构和体制刚刚建立,早出人才、快出人才是当时社会发展的主要需求。当时的课程设置特别强调整合和综合,学校开设了社会科学常识、卫生常识、工农业基础知识等课程,以此普及人们的基本生活和生产常识;1958年,教育部又将世界历史、中国历史和世界近代史合并为"历史",将自然地理、世界地理、经济地理合并为"地理",将植物、动物、人体解剖生理学合并为"生物",但学校在实际开设时仍然分年段、分学科开设。"文化大革命"期间,学校更是将课程整合推向了更广的范围,强调"学工学农""工读结合"等,课程要精简,学制要缩短,在政治上要以毛泽东著作为主要内容,以批判资产阶级文化为主要目的。这一时期的教育,从积极方面来看,课程建设与生产、生活实现了高度融合,真正打破了学科知识的藩篱;但是,从消极方面来看,这种所谓的"融合"是以打破知识体系、打乱课程设置、扰乱正常教学秩序为代价的,严重违背了基本的课程建设规律和教育发展规律,人性被蔑视和践踏,混乱的教育局面给国家带来了严重的灾难。

1977年,我国恢复高考制度,重建被破坏的教育秩序。百废待兴的国家要求教育要"多出人才,出好人才"。出于对知识的渴望和对效率的追求,在课程设置与实施方面,分科课程又回到了主导地位。后来,随着世界科学技术的迅猛发展,人类社会知识门类得到拓展,各学科知识总量也明显增加,同时由于尖端技术需要许多学科知识的整合和综合,于是就催生了学科间的跨界与融合。不同学科的交叉和融合,产生了许多新兴的学科;同时,一些事关全世界、全人类的共同问题,如环境问题、人口问题、生活方式问题等,也通过各种跨学科或学科融合的方式引起了全社会的关注、重视与讨论。

随着学科知识的融合和跨界发展,分科课程及分科教学的弊端日益显露出来,大家对综合课程的呼声日渐升高。1984年,东北师范大学附中开始"初中综合课程设置和综合教学的研究实验"。1987年,中央教育科研所在广东省南海县召开中学综合理科教育研讨会,上海师大附中进行"初中综合理科研

究和实验"。浙江省在义务教育课程改革中,率先将"社会"和"科学"两门课程纳入初中教学计划。湖南省在小学阶段设计实施了"小学综合课",以"人与自然的关系""人与社会的关系""人与自身的关系"为课程内容来源,以学生心理素质的全面发展为设计主线,以开发学生科学思维能力和培养健康个性为核心,在小学各年级依次开设"学会生活""认识社会""学会学习""学会创造""学会思考""科学、技术与社会"六门综合课程。① 1980 年,上海市成立综合课程研究小组,研究探讨在上海市设置综合课程的必要性和可行性;1989 年,上海颁发的全日制小学、初中、高中课程改革方案规定,在小学和初中阶段设置综合性的社会科和理科,在高中开设社会科学基础、自然科学基础等综合性科目。吉林、辽宁和广东等地也对社会类和自然类学科进行了专门设计。

与此同时,不少学校还进行了以"优化课程结构,健全课程体系"为目标的课程试验,采取了减少必修课、增设选修课及加强课外活动的方式,加强课程结构的整合性,如天津市上海道小学以课程结构为突破口,将学科课程与活动课程、显性课程与隐性课程有机统一起来,构建起学科课程、活动课程、隐性课程相结合的课程体系。② 而像上海大同中学、北京十一学校也先后进行了综合课程实验。③

1988 年,国家教委颁发了《义务教育全日制小学、初级中学教学计划(试行草案)》,并于 1992 年正式颁行,更名为《九年义务教育全日制小学、初级中学课程计划(试行)》。这也是我国自中华人民共和国成立后第一次将"教学计划"更名为"课程计划"。在这个计划中,活动课程作为学校课程的有机组成部分正式纳入国家课程计划,活动内容包括学校的各种教育活动和社会实践活动,从此打破了长期沿用的单一学科课程结构;在以分科课程为主的前提下,适当设置了综合课程,如小学新增"社会"课程。

2001 年 6 月,我国颁布了进入 21 世纪的第一份课程改革指导文件《基础教育课程改革纲要(试行)》,明确提出把课程"整合"作为这次改革的目标之

---

① 郑和钧,冯周卓.小学综合课与学生素质协同发展的实验研究[J].教育研究,1994(5):44-45.
② 潘洪建.我国课程实验 20 年:回顾与展望[J].课程・教材・教法,2002(2):4.
③ 潘洪建.我国课程实验 20 年:回顾与展望[J].课程・教材・教法,2002(2):4.

一,要求"改变课程结构过于强调学科本位、科目过多和缺乏整合的现状,整体设置九年一贯的课程门类和课时比例,并设置综合课程,以适应不同地区和学生发展的需求,体现课程结构的均衡性、综合性和选择性","小学阶段以综合课程为主。……初中阶段设置分科与综合相结合的课程,……高中以分科课程为主"。①

2003年颁布的《普通高中课程方案(实验)》,从学习领域、科目、模块三个层面整体关注课程结构。语言与文学、数学、人文与社会、科学、技术、艺术、体育健康、综合实践活动构成了八大学习领域,共包括12~13个科目,每个科目由若干模块组成。② 我国课程整合的理论与实践探索由此进入了一个前所未有的新阶段。

进入21世纪,课程整合已经成为我国课程建设的重要导向,也已深入到许多基础教育实践中,目前正朝着实践性、多元化、科学性的方向发展。回顾我国课程整合的发展历程,我们不难发现,如果仅仅是从思想观念层面看,我国的课程整合历史悠久,因为东方文化知识注重整合、综合、一体,这与西方文化知识的分化、专业和分类不同;但是课程整合作为世界课程发展的主要趋势,源于西方课程学者,近代来经过我国课程研究者的译介和本土化实践,特别是中华人民共和国成立以后的政策引导和支持,课程整合的理论和实践在我国日渐扎根并呈多元发展趋势。

从历史与逻辑统一的角度看,近代以来对课程整合理论的译介是一种顺势而为,是在中国社会现代化的过程中自然做出的教育努力。"在此种情势下,中国社会和教育的现代化不能不从移植西方文化开始。表现在现代知识和学校课程体系的构建上,就是迅速抛弃传统的知识、学科分类,按照西学的逻辑去建立新的知识、学科范式。"③从20世纪初照搬日本的学制和课程内容体系,到20世纪20—30年代众多教育家借鉴美国进步主义的教育思想进行的教育实验,再到中华人民共和国成立后照搬苏联的课程设置,显示了强烈的"外国化"倾向,加快实现现代化、尽快融入国际社会成为我国课程改革的大背

---

① 教育部.基础教育课程改革纲要(试行)[Z].教基〔2001〕17号.
② 教育部.普通高中课程方案(实验)[M].北京:人民教育出版社,2003:1-3.
③ 于述胜,刘继青.课程改革应保持必要的文化张力[J].课程·教材·教法,2005(8):84.

景。但是,这种"外国化"倾向毕竟无法长久,只有实现"本土化"才能保证课程整合的有效推进。正如陶行知所讲的,"仪型他国"不如与国情结合,"我国兴学以来,最初仿效泰西,继而学日本,民国四年取法德国,近年特生美国热,都非健全的趋向。学来学去,总是三不像"①。他强调对于外国的经验,"如有适用的,采取它;如有不适用的,就除掉它。去与取,只问适不适,不问新与旧"②。后来,我国的课程整合渐渐摆脱了单纯"外国化"的模式,走上了自主探索、多元尝试的道路,特别是 21 世纪以来,国家通过制定《基础教育课程改革纲要(试行)》等国家层面的文件予以指导和规范,让课程整合真正实现了本土化,也日渐呈现出我国课程整合在历史文化背景和生产实践中的特色与个性。

---

① 陶行知.我们对新学制草案应持之态度[M]//陶行知.陶行知全集:第二卷.长沙:湖南教育出版社,1984:190 - 191.
② 陶行知.我们对新学制草案应持之态度[M]//陶行知.陶行知全集:第二卷.长沙:湖南教育出版社,1984:190 - 191.

第三章 课程整合的理论范式

课程整合作为一种理念，在运用于教育实践并指导课程建设的过程中，需要一定的理论体系作为中介，这种理论体系及其作用机理、实践方式等共同构成了课程整合的理论范式，具体包括课程整合的四个向度、理论基础、典型模式和一般步骤。全面把握课程整合的理论范式，有助于广大教育研究者和实践者把握课程整合的本质内涵、操作要领和价值取向，是课程整合真正落实到教育实践的基本前提和重要途径。

第一节 课程整合的向度

课程整合领域的权威专家詹姆斯·比恩认为，课程统整分为四个向度，即经验统整、社会统整、知识统整和课程设计统整。统整与整合，均对应于英文"integration"，译为"整合、一体化、结合"。在本书中为保证概念统一，将译作中的"统整"改为"整合"，原义不变。

一、知识整合

知识整合在课程整合中处于核心的主体地位。课程整合以知识为中心，以打通不同学科知识间联系、共同应对生活中的问题为基本目的。课程整合最初就是针对分科教学的不足来展开的，分科教学有利于知识的系统传授和掌握，但是不利于把握学科知识间的联系。

课程整合的理念切合我们生活中真实的情境。比如，当我们在生活中面

第三章 课程整合的理论范式

临一些带有问题和困惑的情境,我们如何处理呢?我们是否会停下来问自己哪部分的情境是语文、音乐、数学、历史或艺术?我们一般不会去想这些情境和问题会涉及学校中的哪个学科,而是会直接面对问题,分析和思考问题背后的原因,综合运用已有的知识和资源来面对问题和情境。这就提示我们,学校课程传递给学生的分科知识,在应用的时候,并不取决于相关知识所属学科,而取决于课程中的相关知识与现场的问题或情境的相关度。因此,从知识应用的角度来说,课程整合更有利于学生理解和应用知识,有利于学生在真实的问题和情境中综合运用相关知识进行分析和解决。

在当前的学校教育实践中,课程知识的划分过于明显,这从学校的课程表中就可以看出来。在学校中提倡知识整合,实际上就是强调加强不同学科知识间的联系,以利于学生在真实的问题情境中发现相关的知识,也利于学生更全面、更深刻地理解知识的学科和应用意义。当前,在初中、高中学校中采用的"科际整合群[①]"的课程结构,就是知识整合的代表性组织方式。这种方式不仅有效弥补了学校分科课程的不足,也增强了知识被提取和应用的机会。

在知识论视野中,知识是一种工具,也是一种权力,因为它能提供人们控制自己生活的策略。如果知识只是很简单地被认为是分科的知识中片段零碎资讯和技巧的累积,那么知识的应用和权力即会被限定在它们的领域内,从而消减。比如,对问题的定义和强调问题的方法,便会被限定在特定科目或学科的知识和问题范围中。如果我们了解知识是整合的,我们便能自由自在地在真实生活中广泛地界定问题,并应用更宽广的知识范围来强调它。[②]

课程整合实质上就是拓展分科知识之间的联系,发现知识之于特定问题和情境的相关性,以社会议题为中心组织起来的课程内容,有助于加强知识与社会生产、生活之间的联系,让知识在真实的生活情境中获得意义和价值。同时,这也有助于学校拓展和发现知识的应用作用,提醒学生"学以致用"的思想和观念。课程整合反映在课程中,就是整合的课程建设、整合的课程设计与评价,被整合的知识也就是课程中最容易或最有可能被应用的知识。

---

① 科际整合群,是指某些学校进行的课程建设实践,即以跨学科整合的形式对课程结构进行适当重组,强调知识的整合性与应用性。
② James A. Beane. 课程统整[M]. 单文经,等译. 上海:华东师范大学出版社,2003:12.

开展课程整合,实质上就是将知识的整合和应用作为课程发展的内在目的。这对于解决因学科分离而导致的知识分割及课程与生活脱节的危机,具有一定的促进作用。在分科课程的框架中,知识的价值,特别是应用价值,被严格地限定在了学科范围内,且多是以学科的价值呈现方式来表现,这不利于发现知识原本的意义和应用价值,而且会给学生带来两种不良的导向:一是易使学生错误地认为,知识是抽象的,是脱离生活的;二是不利于学生发现所学的知识与真实的或真正关心的生活问题之间的联系。因此,对于课程整合的研究者和实践者来说,一方面需要打通不同学科之间知识的相关性,另一方面还需要弥合知识与现实生活情境之间的裂缝。

此外,从社会整合的角度来看,知识整合是社会整合的重要内容和途径,只有学生掌握了社会发展所需要的基本常识,实现了共同知识的整合性把握,社会发展的基本方向和价值观才会在潜移默化中得到强化和认可。另外,在知识整合的过程中,强调师生之间的合作,不仅是主动建构和理解知识的过程,而且也是民主社会构建和运行的基本方式,这种民主的生活方式包含着人们个别或集体寻求明智的问题解决方法所涵盖的权利、义务和权力关系。

二、社会整合

社会整合意味着课程整合应当以社会生产和发展的主要议题为中心来进行,课程整合不能脱离社会发展的需要,应当着眼于社会发展的趋势,整合课程知识和资源,帮助个体建立符合社会需要的经验和观念结构。许多研究者认为,整合的概念是通过强调课程来增进共同价值或共同利益的。"在民主社会中,学校的重要目的在于向不同特质和背景的年轻人提供共同和可分享的教育经验。如此的经验,长久以来被连结到统整的概念上。"[①]社会整合的根本目的在于全体社会成员拥有共同的价值追求和相通的意义理解系统,课程整合通过对学生进行通识教育,让社会成员具备共同的知识结构、基本一致的认知和观念系统,有利于实现社会整合,也有利于构建和形成民主的社会。在通识教育中,特别需要考虑社会发展和个体发展的需求,明确哪些是学生应当习

---

① James A. Beane. 课程统整[M]. 单文经,等译. 上海:华东师范大学出版社,2003:10.

得的内容、哪些是全体社会都必须具备的素质。

课程整合以社会议题为中心进行组织,实际上就提醒教育者要关注社会发展的趋势和要求,明确课程整合的目的和方向。在课程整合的具体过程中,需要教师和学生共同参与,合作制订计划和实施方案,因为这样更有利于学生主动建构相应的知识结构,形成围绕社会议题的系统意义。此外,这种合作建构的方式,本身亦是在倡导一种民主的生活方式,是在以真实的行动向学生示范民主社会的构建过程,学生或年轻人在参与这种协作共建的过程中,也就是在体验民主的社会生活,感受协同合作是如何形成统一的社会意义系统的,进而实现社会的整合与发展。因此,课程整合一定要涵盖个人和社会的议题,要将年轻人的个人和社会兴趣整合在民主的理念之下。而如同我们很快就会了解的,知识整合的用意乃是要让年轻人能民主地运用知识,并且以其作为明智地解决问题的工具。

社会整合也有利于培养学生的社会责任感。过去学校与社会发展基本脱节,基本不关注社会发展的主要议题,以至于学校的课程设置在一定程度上导致了社会的不平等,学校教育并未发挥弥补个体社会资本不足的弊端,反而加深了社会发展的差距。因此,加强社会整合,以社会议题为中心强化课程整合,保证学生具备必要的通识经验,有助于促进社会平等,实现教育公平。

三、经验整合

经验,在哲学上,指人们在同客观事物直接接触的过程中通过感觉器官获得的关于客观事物的现象和外部联系的认识。辩证唯物主义认为,经验是在社会实践中产生的,它是客观事物在人们头脑中的反映,也是认识的开端。经验有待深化,有待上升到理论,而理论源于实践,实践又检验理论,循环往复,不断演化。在日常生活中,经验亦指对感性经验所进行的概括总结,或指直接接触客观事物的过程。

在教育学中,经验指个体通过感官或亲身参与而获得的认识、知识、感受和体验的综合,是教育活动、情境、资源在个体头脑中留下的复杂印记。从发生学的角度上看,个体习得经验的过程,就是学习的过程,也是个体拓展对外部世界认识、实现自身发展的过程。著名教育家杜威提出了"教育即经验的不断重组与改造"的著名论断,这就是说,教育的过程就是帮助个体获得经验,并实现经验的拓展、丰富和完善的过程。

个体的意义系统源于经验的组织方式和深刻程度,个体的观念更新、知识增进和技能习得,在本质上就是个体经验系统的不断更新和改造,这种更新和改造的过程也就是课程整合的发生过程,主要包括两种形式:一是新的经验整合到意义的系统中;二是组织或整合过去的经验,以协助我们面对新的问题情境。[1] 这两种形式代表了整合的两种现象发生:第一种是新的经验的获取发生,即个体获得新经验的过程,就是新的经验与原有的经验之间建立了联结,联结得越紧密、越深刻,那么获得的意义就越丰富;第二种是对已有经验的重组和改造,是已有经验结构的优化与更新,也是发挥经验指导价值的内在机制。课程整合对于个体经验的获得和改造,在机制上就是通过这两种发生实现的。

四、结构整合

课程结构整合是课程整合的重要内容,因为课程结构整合代表着课程整合的预设和计划的方向、理念和原则。合理、规范的课程结构是良好课程整合的基本前提和基础。课程结构整合可以分为两大类型:一是针对整个课程设置、内容、实施与评价方式的系统性的设计与谋划;二是针对特定类型课程的课程结构。

课程结构整合主要有五个特点:第一,课程以问题和议题加以组织,而这些问题和议题在真实世界中对个人及社会具有重要意义;第二,规划与组织中心相关的学习经验,在组织中心的脉络下整合适切的知识;第三,知识的发展和应用应强调现行学习的组织中心,而非为未来考试或升级做准备;第四,强调实际方案和行动以涵括知识的实际应用,增加年轻人整合课程经验到意义系统中的可能性,并亲身经验问题解决的民主过程;[2]第五,学生应当参与课程设计与规划的过程中。如果整合学习是一个严肃的话题,那么了解年轻人如何架构议题及关注点以组织课程,以及了解哪些经验可以帮助他们学习,都是

---

[1] James A. Beane. 课程统整[M]. 单文经,等译. 上海:华东师范大学出版社,2003:9.
[2] James A. Beane. 课程统整[M]. 单文经,等译. 上海:华东师范大学出版社,2003:13.

很重要的。课程整合联结到民主教育中更大的概念时,学生参与规划的个人经验终究会成为课程结构的一个重要层面。①

由此可见,课程结构整合代表着课程整合的根本性和原则性的问题,内容包括:一是课程整合的中心问题,即以符合社会发展趋势、学生真正关心的问题或议题为中心进行课程整合;二是组织方式问题,即围绕问题或议题组织相关的知识和经验,梳理出概念结构和活动系列,保证学生能够在真实的社会情境中理解相应的知识和经验;三是知识的应用问题,即应以知识的实际应用为导向,以易于应用、便于应用、善于应用为课程评价的基本目的,而不是以所谓升学或考试为目的;四是课程的实施问题,即让学生在真实的情境中参与互动,获得直观的体验,直面问题的困境,然后促使其寻找课程知识与情境之间的关联,以此获得分析问题和解决问题的途径,在这个过程中,学生会理解知识的意义并体验民主社会的生活方式;五是课程的主体问题,即师生共同开发和建构课程,师生均是课程实施的主体,是课程整合过程中的主导力量,需要特别说明的是,真正有价值的意义生成是学生根据各自的经验主动建构的,而非被灌输和预设的。

第二节 课程整合的理论基础

课程整合作为课程发展的必然趋势,日益深入课程实践,并为全世界的课程研究者和实践者所关注和重视。准确把握课程整合的实质和内涵,需要全面了解课程整合的理论基础,了解课程整合背后的学理依据和理论支撑。课程整合的学理依据,是在人们探讨课程整合的合理性和合法性中产生的,它是提供课程整合决策的一套价值前提的观念系统,往往表现为某一社会团体所认同的"理所当然"的基本观点。心理学、哲学、社会学等学科为课程整合提供了理论的依据。支持课程整合的研究者在这些依据的支撑下进行了大量关于课程整合的理论研究和实证研究。② 课程整合的支持者们从哲学、脑科学、社

---

① James A. Beane. 课程统整[M]. 单文经,等译. 上海:华东师范大学出版社,2003:14.
② 张爽,林智中. 课程统整效能的研究:批判性的文献回顾[M]. 香港:香港教育研究所,2004.

会学、心理学等学科寻求整合的学理依据,来证明课程整合的效能,他们认为,课程整合克服了课程分化的缺点,打破了学科的界限,强调知识与知识、知识与学生经验、知识与社会之间的联系,能够激发学生的学习兴趣并培养高层次的思维方式。[1] 那么,课程整合是如何在哲学、社会学和心理学等学科的支撑下实现了自身的内涵整合和价值彰显的呢?要回答这个问题,我们需要了解课程整合的哲学、社会学和心理学三个学科的理论基础。

一、哲学基础

哲学是一切学科的基础。现代人文学科的发展,最初都可以追溯到哲学。这一方面说明了哲学的历史悠久,涵括性强;另一方面也说明了哲学是探究世界本源、客观本质、宇宙运行规律的学科,一切关于人类的知识在逻辑上都离不开哲学的支撑和指引。

哲学也是一门研究整体的学问,探究客观世界的系统性和结构性,形成关于客观世界的知识体系。在古希腊,哲学包含宇宙万事万物之理,自启蒙运动之后科学知识开始从哲学领域分化出来,之后科学又进一步分化为自然科学和人文社会科学。[2] 从知识演进的规律来看,从哲学中分化是知识演进的必经之途,因为只有分化才能专业,只有分化才能实现多学科的深入发展,也只有分化才能形成对客观世界的多维度深刻而全面的认知。不过,"随着知识的发展,科学的门类越分越细,同时边缘学科又大量出现。边缘学科的出现,以新的形式使科学继续分化,又为原来彼此无关的学科的整体化奠定了新的基础"[3]。这就是说,"分久必合,合久必分"的哲学道理,同样适用于知识演进。当学科分化达到顶峰的时候,必将迎来学科间新的融合和互通,因为客观世界具有整体性和系统性,不同的学科就好比戴着不同的眼镜在观察和探究这个共同的客观世界,最终发现各学科知识在许多共同的主题上实现了融合。这不仅由于研究对象的同一所致,更重要的是,各学科知识在专业、深刻到一定

---

[1] 张爽,林智中.课程统整效能的研究:批判性的文献回顾[M].香港:香港教育研究所,2004:2.
[2] 周珮仪.课程统整与课程分化[M]//台湾课程与教学学会.课程统整与教学.台北:扬智文化事业有限公司,2000:8.
[3] 黄济.教育哲学初稿[M].北京:北京师范大学出版社,1982:118.

第三章 课程整合的理论范式

程度的时候自然是相通的,就像这些学科最初从哲学母体中分化出来一样,现在又回归哲学母体,实现了知识的"综合—分化—再综合"的演进路径。

在哲学的视野中,认识的价值追求在于整体把握认识客体具有一般性和普遍性的内核。哲学对世界的认识在于将世界各层次的本质、规律和存在方式的认识综合起来。"哲学不会恒久地安于狭窄的范围,因此哲学的实质不是分化,而是综合,一定发展阶段的分化也是为了推进实质上是综合的哲学"[1],尤其是在当今这样一个呼唤以人与自然、人与社会、人与自我的有机、自由为内在意蕴的"新文化时代",整体性是文化的精神血脉,不论是物质世界还是精神世界,互相联系、互相依赖、有机统一、综合平衡的重要性将重新被人们所认识。

从哲学意义上来关照哲学,哲学就是以一种整体意识去关注世界、关注人类的生存状况、关注文化发展的最高学问。[2] 比如,文化哲学主张回到日常的生活世界,"生活"与"自主选择"相关联,因而与自由、独立、人格尊严相关联;"生活"与"目标追求"相关联,因而与需要的满足、价值导向相关联;"生活"与"个性发展"相关联,因而与社会道德、精神交往相关联。文化哲学提倡以文化的统一性来整合教育和课程,要把学生与课程整合于人的学习生命存在及其活动中。教育也是一种文化活动,是文化精神传承、文化习俗延续、文化发展创新的重要载体。课程的主体就是文化的精神和价值,文化在教育中是蕴含在课程中的,是通过课程的设计、实施和评价来传递文化的价值导向和精神追求的。

作为一位教育家,赫尔巴特很重视哲学和心理学对教育教学的支撑作用,他提出的统觉理论构成了课程整合的思想基础。他认为,人的一切心理活动全部是观念活动,由观念的交互作用形成意识,意识中包括多个彼此相关的观念,新观念进入意识必先经过意识阈,之后进入众多观念的组合体,成为其中一部分。这个过程就是统觉,在这个过程形成的观念组合体就是统觉团。统觉团可以界定为由很多已理解的观念所组成的综合性意识,即当时的经验与知识。这种统整理论对于教育学的价值在于,教学生新观念或新知识时,必须

---

[1] 谢龙.现代哲学观念[M].北京:北京大学出版社,1990:181.
[2] 邹广文.当代文化哲学[M].北京:人民出版社,2007:215-216.

考虑学生已有的经验(即统觉团)。

因此,在哲学的观点下,课程整合是对于"不断地将人、万事万物、各种形式的运作以及物质与精神生活上的各种情境相互碰撞在一起,以促进思想及行为准则进化到更高层次的整合"①。课程整合在很多分科知识的基础上谋求知识相通和融合的思想导向,是重新回归哲学意义上的知识整体的努力和尝试。哲学视野中的课程整合具有本源意义。哲学的发展尚且如此,人类在其他领域的认识和探究自然也不能只注重对事物无限度的解析,而放弃或忽视对事物的整体的或综合的审视和把握。② 在哲学看来,课程整合的产生与发展,不仅具有了可能性,而且也具有了必要性。③

二、社会学基础

课程整合一定是以社会议题为中心来整合相关内容的,这个作为中心的社会议题就体现了课程与社会发展之间的密切联系。课程整合不能脱离社会生产和生活而独自实现,必须在真实的社会问题和情境中,展开对问题的探究和议题的讨论。因此,课程整合必然涉及社会学中的结构、关系、合作、互动等问题,也涉及社会与个体、大家与小家、个体与个体、自我与他人等多重关系问题。只有建立在社会学基础上的课程整合,才能有效处理这些问题,才能顺利达成课程整合的价值追求。

知识社会学认为,"课程专家从社会现有知识总体中选择合法的、适当的知识编进课程,这决不仅仅是一个技术问题,本质上它是意识形态的抉择,是一种文化选择,是社会控制的一种形式"④。人类之间的合作分工推动了社会的发展,但工业革命以后,专业越来越细化,人的分工越来越精细、越来越层级化。适应这种分工和阶层的人类知识的演进成为权力和知识复杂的转换过程,知识的演进呈现"阶层化"的现象,越是高级的知识越重要,所以"量子力学"比"自然课"的知识更有价值,而获得高级知识的人也越受尊重。知识、权

---

① 黄译莹.统整课程系统[M].台北:巨流图书公司,2003:49.
② 有宝华.综合课程论[M].上海:上海教育出版社,2002:29.
③ 有宝华.综合课程论[M].上海:上海教育出版社,2002:31.
④ 吴永军.课程社会学[M].南京:南京师范大学出版社,1999:145.

力和利益已成为共生的结构体。①

从知识社会学的角度看,不同的知识结构体现了不同的权力和利益,间接决定了社会的控制、稳定和发展方向。有学者指出,整个课程的问题都同知识的控制与分类有关。不同的课程结构反映着对于社会知识的控制与分等的不同特征。② 这就是说,课程的内容和结构体现了整个社会对知识的分类与控制,通过对知识的分类和控制,形塑着作为未来社会成员的学生的思想观念。这种预设的观念通常体现了社会的主导价值观和核心精神文化追求,这些价值观和文化追求就是决定社会持续发展和创新的精神根基。

分科和综合是课程组织的两种基本形式,也是实现社会控制的两种方式。英国学者伯恩斯坦认为,集合(collet)使学科知识成为社会控制的手段。他以内容间的界限强弱将课程分成两类——集合型(collective)与整合型(integrated)。集合型课程高度分化,相互分离;整合型课程分类较弱,学科间的界限容易打破。越是传统的社会,知识由权力控制,知识的性质越集中化(以聚集型表现),但知识的结构则倾向分化而独立。而在民主开放的社会中,知识的分配有走向世俗化和多元化的可能,知识的结构显然有"整合"的倾向,学科疆域的界限或维持也就不那么限定。③ 分科的方式则更多的是以传递学科知识为主要使命,这种方式把学科知识当成教育的"目的(aim)",而不是"手段(means)",这会引起人们的误解,即学习就是掌握这些学科知识,因此不重视如何将这些学科的事实、原则和技能运用到生活中。事实上,学习知识的根本目的在于应用,在于发挥知识之于问题和情境的价值,在于利用知识来产生意义、凝聚价值,丰富人们的精神世界。

当分科课程无法更好地展现知识的应用价值的时候,跨学科融合便自然出现,随之而来的,还有综合课程和课程整合。从文化发展的角度来说,传统的僵化的学科划分已经无法解释文化和社会现象的多样性,必须以跨文化、跨学科的方式进行整合性对话。将社会学术和主流的知识转化成大众的和儿童

---

① 米歇尔·福柯.规训与惩罚[M].刘北成,杨远婴,译.北京:生活·读书·新知三联书店,2003:219-259.
② 吴康宁.课程社会学研究[M].南京:江苏教育出版社,2003:98.
③ 吴康宁.课程社会学研究[M].南京:江苏教育出版社,2003:56-57.

的知识。① 因此,文化学研究者吉罗克斯提出了两个紧密关系的术语,即"边界教育学""差别教育学",要求尊重文化差异,运用文化的观点,在课程实施中创造一种跨越边界的文化差异的新形式。② 也就是说,通过课程整合,实现文化差异的融合、尊重、合作与共存,不同的文化代表着不同的生存方式和对世界的认知方式,而这些不同又都统一于共同的社会和历史中,所以,课程整合可以弥合差距,拓展认知,提供关于客观世界的更丰富的知识和经验。

从知识论的角度来看,来自多学科的知识也不应当是分离的、割裂的,而应当是统一的、系统的和结构化的。后现代主要代表人物小威廉姆·E. 多尔认为:"现有的课程设计是以分裂、孤立和原子化为基础,而不是基于经验的流动。"③ 他尖锐地指出了分科课程所导致的学科间的壁垒和桎梏,过分强调学科界限,而忽视了不同学科知识间原本固有的联系和关系。因此,他主张,课程知识的选择应涵括多种知识类型,课程的结构应注重多元平衡,教学中应发挥学生主动建构知识的积极性,关注个人知识、缄默知识。课程不适合分割成原子式的片段,课程是不断地改变、整合与演化的结果。课程可以通过发展、对话、探究与转变的过程,具备自我生成与自我组织的能力。课程整合要关注学生与课程的关系。

由此可见,在社会学的视野中,课程整合首先可以缓解知识间彼此孤立的问题,降低个别分离内容的权威,重视社会和个人的关系,弱化社会中的权威结构;其次,通过知识的整合,降低社会成员因知识不足而处于被控制、被边缘的风险,实现社会成员共同知识的普及和基本观念的认同与一致;再次,课程整合强化了课程与社会、生活、个体之间的联系,引导学生把握学习知识的根本目的在于应用,知识的主要价值体现在被利用、被应用的过程中;最后,课程整合还可以实现师生共同参与课程的设计与知识、经验、意义的共同建构,这种参与和建构的过程既是达成民主社会的重要途径,同时也是民主社会的基本生活方式。

---

① 黄志红.课程整合的历史与个案研究[M].广州:广东高等教育出版社,2013:68.
② 亨利·A.吉罗克斯.跨越边界:文化工作者与教育政治学[M].刘惠珍,张弛,黄宇红,译.上海:华东师范大学出版社,2002:3.
③ 小威廉姆·E.多尔.后现代课程观[M].王红宇,译.北京:教育科学出版社,2000:95.

三、心理学基础

赫尔巴特提出的统觉理论是课程整合心理学基础的典型代表。心理学是教育学的重要基础学科,为许多教育活动提供了必要的心理依据和参考,心理学中的许多流派、思想、理论也对教育学的发展提供了重要的启示和借鉴。在课程整合方面,心理学依然处于基础性的地位,为课程整合提供必要的学理依据和逻辑支撑。比如,从赫尔巴特的"意识动力结构"学说中"统觉团"的"复合"或"融合",到格式塔的"心物同型论",为课程整合及综合课程的发生和发展奠定了基础。① 结构主义心理学为学科结构与学生认知结构的整合提供了有力的支撑。②

早期机体心理学的研究显示,整合概念的提出来自人类基本的倾向和需求,这源于两个理论基础:第一是根据凯恩(Caine)对大脑研究所做的归纳,他指出,大脑会寻找某些组型以整合信息,因此课程的组织理应依据整合的主题与方案;第二是由多元资料与建构主义学习理论者所提出,主张新的概念和技能的内化与运用必须以学习者的先前经验、有意义的脉络,以及整体概念的理解为基础,而非基于抽象、片段的零碎知识上。③

课程整合的学习机制,源于心理学中的发生认识论。瑞士著名心理学家皮亚杰提出了关于儿童智力发展和学习活动的发生认识论,该理论包括四个基本概念:图式、同化、顺应和平衡。学习是儿童内部的建构过程,也是一种儿童对通过自身活动所获得知识的更高层次的生产组合、自我更正或平衡化的自动调节过程。④

与皮亚杰的发生认识论不同,建构主义心理学则认为,建构知识不是通过教师传授得到的,而是学习者在一定情境下借助自主学习获得的。知识是个人自主建构的,课程是个人的体验,是对话,是交往。"情境"是学习的一大要素。建构主义者用"锚"来比喻学生的知识学习和真实情况的关系。⑤

---

① 有宝华.综合课程论[M].上海:上海教育出版社,2002:36-37.
② 许建领.课程综合化存在的心理学基础[J].课程·教材·教法,2001(2):32-36.
③ James A. Beane.课程统整[M].单文经,等译.上海:华东师范大学出版社,2003:40.
④ 皮亚杰.皮亚杰教育论著选[M].卢濬选,译.北京:人民教育出版社,1990:21-32.
⑤ 王希华.建构主义促进了学习理论的三次变革[J].心理科学,2005(6):1520-1522.

在关于学习的机制问题上,皮亚杰和建构主义心理学提出了两种不同的解读方式。课程整合最终是通过学生的学习活动来完成的,而学生学习的发展机制,就根本决定了课程整合的形式、内容和途径。课程整合的核心是问题情境和核心议题,是学生在问题情境中调动各种已有知识解决问题的过程。学生是否能够调动相关知识,就取决于学生是否按照发生认识论的原理实现了知识的结构化和意义化,那么学生是否能够根据问题情境灵活运用已调动的知识,则取决于学生对知识的理解程度、建构程度和对知识作用的认知程度,这些方面又取决于学生是否遵循了建构主义的原理对知识进行归类、加工和建构。

建构主义心理学一方面强调个体知识是个人经由主体经验来建构外在世界的知识,知识只是个体对其经验的理解与意义化;另一方面,强调社会文化是人类心智发展建构的主要动力,强调社会文化的内化与语言符号的影响对建构能力的重要性。知识乃是经由个体与社会的互动,以及个人通过适应与发展而逐渐建构起来的。学校的教育环境对于学生的知识本体的展开具有独特的作用。情境认知研究强调,学校教育需要编制有助于促进学生参与的基于沟通实践的课程。在这种知识习得的概念之下,学生是借助每一个人所参与的沟通实践来促进学习的。可以说,学生通过沟通活动沉浸于该活动之中。在情境认知中,教师是向导,是沟通实践的参与者;而学生也是沟通实践的参与者,是积极的知识建构者。

20世纪70年代流行的人本主义心理学,在课程问题上,提出了"人的能力的全域发展"的观念;在课程内容的选择上,提出了"适切性"原则;在课程结构的组织上,注重"整合"学生的心理发展与学科逻辑结构、学生的情感领域和认知领域、相关学科等。人本主义心理学家还进行了"相关课程"和"超验课程"等课程整合的实践。一般认为,人本主义是课程整合最坚实的理论基础。[①]人本主义心理学的核心是以人为本,以个体的理解和建构为主,任何知识在客观存在的意义上是相同的、同一的,一旦被个体感知和理解,则必然经过个体的加工、重组和建构,从而获得不同的意义和解读。因为同样的知识进入不同

---

① 许建领. 课程综合化存在的心理学基础[J]. 课程·教材·教法,2001(2):32-36.

个体的不同的背景知识结构中,建立了不同的联结,那么知识所表现在个体身上的形态也就必然不同。这也就是课程整合要强调师生共同参与和合作的必要性的依据。

作为人本主义心理学的代表人物罗杰斯(C. R. Rogers),特别重视将学习者从传统教育体制的重压中解脱出来,提倡创造自由的学习的教育环境和认知语脉。他认为,真正有意义的学习即"经验性学习(experiential learning)"。① 这种学习具备四个基本特质:第一是以"人格参与"为特征的,就是指交织着知性与感性的全人格参与学习的现象。第二,真正的学习是自我主导的,即自发性的,这是因为不管哪一种契机,在那里总是存在出自学习者的明确的努力、理解的作用和发现的感觉。因而,学习是全身心浸入的。也就是说,学习者的行为、态度乃至性格,都是各异的。第三,学习是由学习者来评价的,对经验进行第一次评价的是每一个学习者,而不是基于某种外在的基准进行的。这是因为该经验能否满足实际的需要,只能牵涉当事人。第四,学习的本质就是建构意义,这种学习发生时对于学习者来说,意义的要素总是被纳入整体的经验中的,因而,从某种意义上说,学习者总是走向不可逆的状态。他得出结论:有意义的学习总是交织着理解与直觉、知性与感性、概念与经验、构想与意义的。② 作为真正的学习的根源,就以学习者的需求为中心这一点来说,罗杰斯跟弗莱雷和杜威极其相似。在讨论教与学的差异时,罗杰斯认为,作为传递性的教学,适合于基本上不变化的环境下的教育;而经验性学习适合环境需要加速变化的教育,这种学习跟苏格拉底的"知识即至善"的观点是相通的。在今日,促进变革或是至善的学习,不仅对于有意义的生活,而且对于生存来说都是关键的。他跟弗莱雷和杜威同样,主张认知的过程必须以课题为中心,任何知识都离不开个人的创造。③

与心理学相关的脑科学研究,对课程整合亦发挥着一定的启示和支撑作用。脑科学研究的主要发现有:人脑是通过建立联系来进行学习、创建意义的;人脑组织新知识,是建立在先前的经验与意义基础之上的,我们与过去知

---

① C. R. Rogers. 自由的教育[M]. 友田不二男,主译. 东京:岩崎学术出版社,1984:23-24.
② C. R. Rogers. 自由的教育[M]. 友田不二男,主译. 东京:岩崎学术出版社,1984:24.
③ 钟启泉. 课程的逻辑[M]. 上海:华东师范大学出版社,2019:150.

识建立的联系越多,我们学习得越多;人类的情绪状态与学习的关系相当重要;大脑通过与环境的互动来发展,因此我们在具备支持和富于挑战的环境里学得最快;分割的、分别呈现的信息对个人来说没有意义。① 相反,当知识在有意义的背景下相互联系呈现时,我们学得最快,并会长时间记住;凡是不在空间记忆系统中留有深刻印象的事实和技能,则需要较多的练习与复习。学习是一个主动的过程。

因此,脑科学的研究为课程整合的设计与实施提供了一种生物学的生理作用机理,有助于课程整合的研究者和实践者为学生提供更完整、更真实、更有意义的资源和内容。

基于上述不同心理学派的各种认识,我们不难发现,个体的学习就是一个有意义的建构的过程,学习本身就是对已有知识结构的拓展、对新知识的同化和顺应,以及在特定问题情境中对相关知识的提取和应用。课程整合的根本目的是引导学生发现知识间的固有联系,以联结、融合的视野看待不同学科知识,同时发现学科知识间的融合和相通,并主动建构知识的意义,充分发挥知识的应用价值。脑科学的研究则从生理层面揭示了学习的发生、课程的落实的机理和规律,是课程整合的研究者和实践者不能忽视的重要依据和理论基础。

第三节　课程整合的典型模式

课程整合作为一种课程组织方式,在实践中形成了一些基本的模式,这些模式均符合课程整合的理念和原则,但各自对课程内容的组织、设计和联结等又有所不同和侧重。另外,不同的研究者由于对课程整合的认知和理解存在差异,其所提出的操作模式也难免不同。本研究梳理当前关于课程整合的已有研究发现,主要有以下几种代表性的课程整合模式:科际整合模式、课程联结模式、故事设计模式、学科内整合模式、跨学科整合模式、超学科整合模式

---

① 黄志红.课程整合的历史与个案研究[M].广州:广东高等教育出版社,2013:69.

等。模式与模式之间,仅存在组织形式的不同,不存在本质性差异。

一、科际整合模式

科际整合模式是由美国课程整合研究专家雅克布斯(Jacobs)提出的,是指围绕特定主题,将两个或两个以上的学科整合在一起,主题可以是议题问题或经验,也可以是跨学科技能(如思维技能、社会技能)与跨学科概念(如系统、模式)。

学校在设计科际整合课程时,首先要选择一个恰当的主题,这个主题可以由教师确定,亦可以由学生提出,还可以经师生讨论共同确定。然后,师生围绕这个主题,开展讨论、思考,尽可能多地罗列出跟这个主题相关的内容,如相关问题、人物、事件、概念、活动、背景、政策等,由教师将这些相关内容划分到相应学科之中,这就形成了以特定主题为中心的学科群。接下来,由教师根据相应学科的要求和主题的教育价值,设计一些引导性的问题,以明确这个主题课程的学习重点、范围与次序。最后,教师再开发和设计相应的教学活动,组成教学活动系列,活动的形式可以多种多样,如阅读、写作、辩论等,活动的内容以梳理出来的相关学科内容为主(图3-1)。①

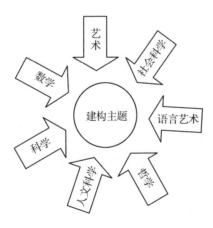

图 3-1 科际整合模式

---

① H. H. Jacobs. Interdisciplinary Curriculum:Design and Implementation[M]. Aleandria, VA:Association for Supervision and Curriculum Development,1989:56.

科际整合模式在本质上是进行学科间课程整合的基本模式,该模式主张以主题为中心,围绕主题提出相关内容或概念,然后再寻找这些相关内容和概念背后的所属学科,进而结合主题和学科,设计相应的教学活动和教学内容。

科际整合模式的第一个要点是选择恰当的主题,主题恰当与否取决于这个主题是否涉及或涉及了多少相关学科领域的知识,如果这个主题来自某个学科中比较专业、精深的领域,那么涉及的相关学科可能会比较少,因而难以形成围绕这个主题的学科群。因此,理想的主题应当是相对普遍的、大众化的、通俗的、涉及社会生产生活的基本内容的,而不是特别专业的、小众的、晦涩难懂的。第二个要点在于,围绕主题,由师生一起讨论和形成相关的内容和概念等,师生共同参与是课程整合的基本要求,只有亲身参与和体验,才能切实感受到课程整合给自己带来的独特价值和意义。第三个要点在于,在设计具体的教学活动的时候,既要兼顾学科特点,达成特定学科给予学生的独特价值,也要考虑主题的要求,设计出系列性的教学活动,体现出课程实施的层次性、科学性和规律性。

二、课程联结模式

课程联结模式由帕尔默(Palmer)提出,该模式与科际整合模式有相通之处,都是以主题为中心,组建相关的学科群;不同的是课程联结模式强调各学科课程中与主题相关的内容,是从学科出发寻找学科领域内与主题相关的内容,而非像科际整合模式那样由主题出发寻找相关的学科。

这种模式分为四个阶段:第一阶段是由整合课程设计者组织召集一个跨学科会议,共同确定课程的目标、主题、概念及技能;第二阶段是由设计者以"轮形设计"的形式指出相关学科之间的联结关系,同时明确课程整合的主题,轮形的轴干与轴干之间就是需要整合的学科与活动,轴干的多寡一方面取决于主题涉及的学科,另一方面取决于参会的学科代表;第三阶段是设计者与相关学科教师在轮形图形的共同架构中,规划课程目标、实施途径、教学活动系列和质量评价方式等;第四阶段是学生参与课程整合框架下的教学活动,开展探究学习,并提出建设性意见。①

课程联结模式的重点在于,以主题为中心,联结相关学科,是一种由整合课程设计者与学科教师共同设计与实施的整合模式。相关学科教师围绕共同的主题,寻找各自学科中与主题相关的内容,然后尝试与其他学科的相关内容进行联结,再进行讨论并协商确定整合课程的具体教学内容和形式。

这种模式的要点体现为:一是强调多学科的参与性,从学科出发寻找与主题相关的内容;二是强调教师的主导性,整合课程的设计者与学科教师一起设计主题和具体的教学活动;三是强调整合课程的实施过程,亦是各学科相关内容的落实过程。该模式的不足之处在于:一是学生并未参与到整合课程的设计与规划之中,只是相对被动地参与已经确定了的教学活动;二是知识的应用价值有限,课程整合的根本目的不仅在于发现知识间的联系,更重要的是让学生发现知识的应用价值,习得在具体的问题情境中综合运用各学科知识的能力。

三、故事设计模式

故事设计模式由德雷克(Drake)提出,是一种强调学生主动建构与理解的课程整合模式。这种模式适用于多个年龄段的学生,它可以根据不同的主题,形成多种类型的故事结构和内容。故事设计模式的基本步骤是:第一步,由学生或教师选择一个感兴趣的主题,作为故事的中心;第二步,师生一起围绕这个主题,以网状结构的形式,呈现出故事的关键节点或主要情节,作为故事发展的梗概或线索;第三步,由参与的学生在各自的经验系统中,寻找与主题或关键节点相关的经验,以及这些过去经验的现状;第四步,鼓励学生根据过去的经验、现状、故事梗概,从"续写"的意义上,谋划故事发展的理想未来;第五步,激励并适当指导学生将新的故事整合到自己的故事中,实现故事的个体理解和内化(图3-2)。②

---

① Joan M. Palmer. Planning wheels turn curriculum around[J]. Educational Leadership, 1993(49): 57-60.
② Susan M. Drake. 统整课程的设计:证实能增进学生学习的方法[M]. 黄光雄,主译. 高雄:丽文文化事业股份有限公司,2001:107.

故事设计模式强调师生对故事主题、情节和内容的设计与理解,强调学生过去经验中与故事相关的内容,鼓励学生根据相关经验的现状,谋划故事的理想未来,同时将新的故事融入自己的故事中,这既赋予故事以个人意义,同时又拓展了自己的经验内容和结构。

故事设计模式的要点体现为:一是选择恰当的主题,这个主题一定是学生感兴趣的,而且是过去有类似经验的;二是学生能够结合与主题相关的过去经验,主动谋划或设计故事的理想未来;三是学生能够赋予故事以个人意义,形成或拓展自己的故事。可见,学生的主体性和自主建构能力是故事设计模式所特别重视的因素,这是该模式的最大亮点。不足之处亦显而易见,包括学科知识的特征和范围非常模糊,过分注重个人化的理解和建构,难免疏忽了学科间的相关知识的相通与联结。

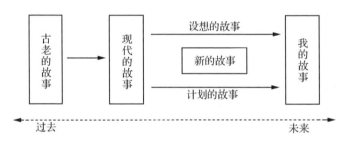

图3-2　故事设计模式

四、学科内整合模式

学科内整合模式指在特定学科范围内,对不同领域的知识和内容进行联结和融通的课程整合模式。这种模式的重点是打通学科内知识、概念、原理、规则之间的联系,有助于学生形成关于特定学科的、科学的知识结构和系统化的学科知识。

这种模式由 Forgaty 提出,主要分为以下三种形式。[①]

(一)分立式

分立式学科内整合模式以特定学科为主,系统梳理学科内部的各主要领

---

① 黄志红.课程整合的历史与个案研究[M].广州:广东高等教育出版社,2013:51.

域,然后根据学科核心概念及领域知识间的关系设计学科内课程整合的具体内容和活动。分立式学科内课程整合模式强调明确的学科界限,是在单一学科内对不同领域知识的整合,学科与学科间的关系并未呈现出来。

这种课程整合模式可以由特定学科教师设计与实施,需要学生对学科知识有较系统的认识和把握,优势在于强化了特定学科知识的结构性和应用性,不足在于学科的范围限制了与主题相关的其他学科知识的介入,不利于在真实的社会情境中分析并解决问题。

(二) 蜂窝式

蜂窝式学科内课程整合模式是指将学科内的某一现象、主题或单元,进行多面化解读,从多个视角进行呈现,同时设计恰当的主题,将这些视角、维度或类型统一起来,实现类似于蜂窝的知识结构,既有关于主题的核心内容,又有不同视角及其相关领域的独特解读,以此培养学生在特定学科框架内,分析和解读某一现象或主题的专业思维、组织能力、抽象能力和问题解决能力的模式。

这种课程整合模式也需要学生对相关学科知识比较熟悉,同时能够掌握不同领域学科知识所具有的不同视角或分析维度,有助于学生形成一定的专业视野和学科性的思维方式。

(三) 联结式

联结式学科内课程整合模式将焦点放在某学科内部的精细与连接之处,设法在各个学科领域中,把某个主题、知能或概念和另外的主题、知能或概念,做明显的联结。如同小型望远镜,重视每一学科的细部,亦即关注学科的精细处和内部连贯性。

这种课程整合模式相对于分立式和蜂窝式,对学生的要求更高,学生不仅要能够全面了解学科内各领域知识,还要对特定的、细微的领域比较熟悉。其实,这种聚焦于学科内细微处和专深处联结的课程整合模式已经达到学科专家的水平,已经超越了普通学生的认知和理解能力。因此,这种模式仅限于特定学科的高级专业人员之间进行研究或合作攻关时采用。

五、跨学科整合模式

跨学科整合模式也由 Forgaty 提出,与科际整合模式、课程联结模式相通。Forgaty 将跨学科课程整合模式分为以下五种具体的整合形模式。①

(一) 共有式

共有式指两个学科同时分享其概念与技能上重叠的部分,把两个领域分立的学科合在一起。该模式利用相互重叠的概念、技能或态度作为组织的因素,把两个学科共有的内容或教学活动涵盖进去。

这种模式类似于课程联结模式,即将两个学科中相同的概念或内容进行合并,形成针对同一内容的两种学科视角,以此设计的课程整合活动,有利于学生理解、把握不同学科的独特视角,形成关于同一内容的不同思考方式。

(二) 张网式

张网式即将各个观点当成一个主题,再以蜘蛛网式联结不同的要素。该模式通常以一个基本的通用术语或最具丰富意义的主题来整合不同学科。这种模式在课程整合中最常被采用。

这种模式在设计路径上类似于"蜂窝式",只是不再局限于单一学科,而是以主题为中心,寻找具有与主题内容相关的不同学科,组成学科集群,然后一起设计课程整合的教学活动。

(三) 序列式

序列式课程整合模式指由广泛的相关的概念,建构出不同的教材内容架构。学科的主题或单元以分立的方式进行教学,但是却经过重新排序,使得在同一时段中,不同学科的教学内容具有相似性或共同性,亦即使得不同学科的概念产生关联。

这种课程整合模式是以序列的形式,构建一系列主题,然后围绕不同的主题,整合相关学科的内容,一方面实现了学科知识在特定主题上的关联,另一方面也有利于学生以主题的形式在大脑中进行识记和理解。

---

① 黄志红.课程整合的历史与个案研究[M].广州:广东高等教育出版社,2013:51.

（四）串线式

该模式如同透过放大镜，在了解课程模式的基础上充实课程内容，把思考技能、社交技能、学习策略、图示组织、科技，以及多元智能等学习理论，以一条主线贯穿起来，即用重要的概念贯穿全部教材的内容。

这种模式应用于跨学科课程整合，难度较大，因为我们一般较难在多个学科间找到恰当的主线来联结多学科的相关知识。不过，作为一种课程整合的思路和努力，是值得提倡的。

（五）整合式

整合式课程整合模式利用每一学科的基本要素，形成新的形态与设计，以跨科际的方式，找出主要学科中重叠的知能、概念和态度并加以整合。

该模式类似于科际整合模式，是以整合的思维和视野，找出相关学科中相同的内容，进行内容和结构的重组，从而组成多个学科的整合课程。

六、超学科整合模式

超学科整合模式指超越学科界限，以学习者或特定主题为中心，进行课程整合的模式。在这种模式中，特定的学科知识扮演着一种资源提供者的角色，发挥着知识基础的作用。处于主导地位的是学习者的理解和建构，以及特定主题的涵括性和抽象性，前者决定了超学科整合模式的深度和效果，后者决定了超学科整合模式所可能涉及的学科数和资源总量。

这种模式类似于 Forgaty 提出的"学习者本身的整合"模式，即以学习者为中心进行课程整合的模式。[①] 该模式具体分为两种形式。

（一）沉浸式

沉浸式超学科整合模式以学习者的兴趣和专长为前提，从个人的兴趣和专长出发，筛选所有的内容。学习者把自己所学的教材做了深入的整合，整合的全部过程在学习者内部完成。

这种整合模式需要学生具备较强的自主学习能力、对知识的深度理解能

---

① Robin Forgaty. 课程统整的十种方法[M]. 单文经, 译. 台北: 学富文化事业有限公司, 2003.

力和对学科框架的宏观把握能力等,重视学生的自主理解和建构,是一种由学生自主设计、实施和评价的课程整合模式,适用于具备一定知识基础且学习能力较强的学生。

(二) 网络式

网络式超学科整合模式代表着一种多面向的观点,由学习者主导整个课程整合的过程。学习者自主制定课程整合主题,可以是自己感兴趣的,也可以是与各学科密切相关的,然后主动寻找与主题相关的各学科知识,并组建相应的学科群,建立相应的学习活动。这种模式强调学习者在各自擅长的领域内由内而外延伸,强调跨越领域的界限。①

七、其他课程整合模式

除了以上6种课程整合模式之外,其他研究者亦提出了值得参考和借鉴的模式。

游家政从学科界限的范围、课程设计的参与者、课程实施的方式三个层面,分析了课程整合的可能模式。就学科界限的范围而言,有单一学科整合、跨学科整合、科际整合及超学科整合等;就课程设计的参与者而言,分为专家设计、教师设计、师生共同设计与学生设计等;就课程实施的方式而言,有联络式(联科教学)、附加式(各科提供部分时间,可集中或分散)、局部式(部分科目分科,部分科目整合)、全面式(打破所有学科界限)及综合式等整合模式。②

高新建从学生的年级与学科整合课程的关系出发,提出学生的年级越低,课程内容越生活化,所以小学可以采用科际整合课程模式;年级越高,教材内容越分化,所以初高中可以并用单一学科课程、跨学科、科际整合等多种模式。③

周淑卿从整合的程度、教师的能力与负担、师生共同参与三个角度提出学校尝试课程整合的建议:在初步尝试阶段,以平行学科、多学科、相关课程为

---

① Robin Forgaty. 课程统整的十种方法[M]. 单文经,译. 台北:学富文化事业有限公司,2003.
② 游家政. 学校课程的统整及其教学[J]. 课程与教学,2000(1):19-38.
③ 高新建. 发展以基本能力及能力指标为本的统整课程[M]//台湾课程与教学学会. 课程统整与教学. 台北:扬智文化事业有限公司,2000:95.

第三章 课程整合的理论范式

主;中间阶段时,由多学科进入科际整合;高级阶段进行超学科课程的设计。①

总体来说,课程整合的模式虽然多种多样,但每个都有值得课程设计者或教师参考之处,如雅克布斯的科际整合模式及帕尔默的课程联结模式可提供课程规划的参考;德雷克的故事设计模式,则呼吁教师尽量考虑学生的兴趣与专长。

对于如何评价课程整合模式,英格拉姆(Ingram)认为,应该检视它是否达到"人的发展"这个目的。詹姆斯·比恩则认为,除了课程组织的整合外,还必须包含知识、经验、社会的整合,最终达成社会民主。② 阿克曼(Acherman)则提出课程整合在知识内容组织上的四项标准:①学科内的有效性,属于该学科的重要方法及重要语言是否在此主题之下有充分的学习;②对学科而言的有效性,相互组合的学科彼此是否能相互获益、相互增进学科概念的学习,而不只是和主题"有关"而已;③超越学科的有效性,学生能将综合学习的内容同化到他们的认知架构中,以不同学科的角度描绘、思考复杂的世界现象;④更广博的学习结果,学生能形成整体性的探讨知识的方式,能更有弹性地、更多观点地思考,更灵活地运用多种方法。③

雅克布斯认为,好的课程整合要避免两个常见的问题,即混淆、两极化。前者是指将多种内容混合在一个单元中,但可能是杂乱无章的拼凑;后者是指学科内课程与综合课程相互对立,非此即彼。④

泰勒认为,在设计一组有效组织的学习活动时,必须符合三个主要的效标:顺序性、整合性、连续性。其中,顺序性着眼于课程因素的垂直衔接,整合性则着眼于课程因素的横向联系。⑤

黄甫全从文化哲学的角度论证了课程整合的五个特性,将其作为课程是否真正整合的效标:人文性、学习性、过程性、一致性、活动性。

---

① 周淑卿.课程政策与教育革新[M].台北:台湾师大书苑有限公司,2002:124.
② James A. Beane.课程统整[M].单文经,等译.上海:华东师范大学出版社,2003:9-14.
③ 陈伯璋.课程统整的迷思与省思[M]//欧用生,陈伯璋.课程与教学的飨宴.高雄:高雄复文图书出版社,2003:33.
④ H. H. Jacobs. Interdisciplinary Curriculum: Design and Implementation[M]. Aleandria, VA: Association for Supervision and Curriculum Development, 1989.
⑤ 拉尔夫·泰勒.课程与教学的基本原理[M].施良方,译.北京:人民教育出版社,1994:68.

廖春文认为，无论采取哪种设计，必须符合 SMART 原则，即具体明确（specific）、可以评价（measurable）、可以达到（attainable）、合理可行（reasonable）及适应时势（timing）。①

总之，课程整合代表着课程组织的新理念、新思路、新方向，相关的研究者和实践者根据各自的理解和认识，并结合实践条件，研究和探索出了多种类型、多种形式的课程整合模式，这对于促进课程整合的实践转向、实现课程整合的真正落地起到了重要的促进和推动作用。另外，不同的课程整合模式，其侧重点有所不同，优势与劣势亦有所不同。对于课程实践者来说，不必拘泥于特定模式，而应当在充分领会课程整合的思想观念的基础上，针对可以获得的学科教材、资源条件、学生基础等，创造性地自主设计与实施，实现课程整合的实践化、区域化、学校化，甚至个人化。

第四节 课程整合的理论内涵

经梳理现有文献，笔者发现，课程整合的理论内涵主要表现为五个方面：课程内容的整合、课程设计的整合、课程实施的整合、课程形态的整合和教育态度的整合。

一、课程内容的整合

课程整合的本质是在不同学科课程知识之间建立关联，并引导学生以关联的视野认知和理解各学科知识，在把握知识联系的同时，发展知识在实际问题情境中的应用价值。

由于不同的研究者对课程整合本质的理解和解读视角不同，所以他们对于课程整合内容的看法也就存在一定的差异。如香港课程发展处认为，课程指学习的经历，"课程统整指在经历中学习者领略到不同领域知识之间的联系，完成一个综合的任务，或得到一幅知识的全景、一个世界观"②。这种观点

---

① 廖春文.九年一贯统整课程：理念与设计实例[M].台北：五南图书出版公司，2001：48.
② 庞红卫.香港"课程统整计划"及其启示[J].上海教育科研，2001(7)：26.

认可课程整合过程中学生要充分发挥主动建构和理解的能力,因此,课程整合的内容就表现为不同领域知识之间的关联,这种关联既包括学科内的知识,也包括学科间的知识。

因此,课程整合就是在学科知识之间建立有意义的联系和有机的结构。在这个意义上,课程整合就强调横向的联系,就是希望让特定的课程内容能够和其他的课程内容建立整合一致的关系,让学生能够把所学的各种课程串联起来,以了解不同课程彼此之间的关联性。

学科知识之间的关联,其实就是课程经验之间的横向关系。正如泰勒在论述编制学习经验必须符合的三项准则时所强调的,整合性原则就是指课程经验的横向关系,这些经验的组织应该有助于学生逐渐获得一种统一的观点,并把自己的行为与所学习的课程要素统一起来。①

因此,以分科课程为主要表现形式的知识学科构成了课程内容整合的主体,整合的本质在于建立联系,即在各学科知识之间建立必要的联结;课程整合的内容,就表现为在多大程度上、多大范围内建立了知识间有意义的联系。

二、课程设计的整合

课程设计的整合是指对课程整合进行预设和谋划,对课程整合进行顶层设计和系统架构,课程设计的质量好坏在很大程度上决定了课程整合是否能够达成预期的目标。

对于课程设计的整合,不同的学者亦有不同的认识。台湾学者黄政杰认为,课程整合是课程发展的一种类型,也是课程组织的一种方式。② 他是在与分科课程进行对比的基础上,指出课程整合是与分科相对的另一种课程组织方式的。"整合"与"分科"之间,形式上是一种对应关系,实质上,二者不仅仅存在课程组织形式的"合"与"分"的关系,还在课程本质理解、知识建构方式和学生应用知识的原理等方面也存在根本性的差异。

詹姆斯·比恩认为,课程整合不只是重新安排学习计划的方式,也是一种课程设计的理论,是在不受制于学科界限的情况下,由教育者和年轻人合作认

---

① 拉尔夫·泰勒.课程与教学的基本原理[M].施良方,译.北京:人民教育出版社,1994:68.
② 黄政杰.课程统整的理论与做法[J].教育研究月刊,2001(85):8-13.

定重要的问题和议题,进而环绕这些主题形成课程组织,以增强人和社会整合的可能性。课程整合是一个由民主哲学指引的,包括课程与教学在内的复杂概念。广义的课程整合是指包括经验、社会、知识和课程等四个层面的整合。① 比恩作为课程整合领域的权威专家,他的观点值得重视。他从哲学的角度指出,课程整合代表着一种关于课程的思想、理念、原理层面的革新,是对包括经验、社会、知识、课程四个方面内容的宏观关系的协调与整合。他并没有局限在教育领域来解读课程整合,而是着眼于社会、知识等更宏观的背景,深层次揭示了课程整合的价值导向和根本关注。

古德莱德(Goodlad)和苏(Sue)则认为,课程整合是对课程内容进行的整合,透过明确的、师生易掌握的"组织核心",将一些反映概念、技巧、价值的"组织元素"紧密地、系统地结合在一起,使学生对学习内容及其衍生的意义与生活相关联的部分,产生整合的概念。② 古德莱德和苏特别强调课程整合的设计,核心就是合理组织那些能反映概念、技巧、价值的"组织元素",正是这些"组织元素"联结着不同学科的知识,进而奠定了不同学科课程间整合的基础,实现了学生对关联性知识的认知和理解。这里的"组织元素",就相当于课程整合的主题,课程设计的整合就是对如何选定主题、如何组织主题间的顺序和结构的设计与安排。

布莱斯(Blythe)认为,课程整合就是一种课程发展的方式,这种方式被运用在延伸学科的联结至跨领域的学习技巧(如思考、问题解决、学习策略等),以及非单一学科所能建构的主题(如 AIDS、药物等)中。另外,课程整合的目标在于更明确地厘清重要课题或主要问题的相关概念等。③ 布莱斯从发展的角度指出,课程整合是课程的一种发展方式,本质上揭示了知识演进的规律和路径,代表着从原初的、朴素的综合知识基础上建立的学科知识,开始走向新的综合与整合,是知识"综合—分化—再综合"演进路径的表现。

---

① James A. Beane. 课程统整[M]. 单文经,等译. 上海:华东师范大学出版社,2003:9-14.

② J. I. Goodlad, Z. Sue. Organization of the Curriculum[M]//P. W. Jackson. Handbook of Research on Curriculum. New York: Macmillan Publishing Co. Inc, 1992:327-344.

③ Blythe F. Hinitz, Aline Stomfay-Stitz. Dream of Peace, to Dare to Stay the Violence, to Do the Work of the Peacemaker[C]. Paper presented at the Annual Conference of the Association for Childhood Education International. Minneapolis, MN. 1996. ERIC_NO: ED394733.

雅克布斯认为,课程整合是一种课程设计的方式,不考虑学科的界限,教师与学生共同界定重要的问题和争论,进行课程组织,也就是以真实世界中具有个人和社会意义的问题作为组织中心,透过与知识有关的内容和活动,学生将课程经验整合到他的意义架构中,并亲身经验解决问题的方法,达成经验和知识的整合。① 雅克布斯的认识强调了在课程整合的过程中,教师和学生作为主体的角色和作用,强调课程整合的效果在很大程度上取决于师生的参与程度,师生若能够积极参与且深度介入,就一定可以达成良好的课程整合效果,反之,课程整合效果一定不如意。

三、课程实施的整合

课程实施的整合是指在实施课程整合的过程中,亦须采用有助于整合的形式,践行整合的理念,唯其如此才能达成预期的课程整合目标。

博贝特(Bobert)和凯洛(Kellough)从教学的观点出发,指出课程统整是一种教学方法,也是一种计划组织教学的方式,其目的是将零散分立的教材或活动加以关联整合,以便适应学生的需求。② 这种观点强调了课程整合作为一种教学方法和形式的一面,课程整合的实施实际上就表现为以整合的、将相关教材或活动加以关联的形式开展教学的过程,这个过程实现了课程设计与教学设计的一体化融合。

恽昭世和王洁通过对比1987年和1995年美、英、加等地有关综合课程的材料后认为,1995年相对于1987年,课程整合出现的变化之一是:"体现了综合课程与综合学习交互的特点,课程不仅是一种知识的载体,而且是一种师生共同探索新知识的发展式课程,课程与教学融为一体。"③这种观点从知识论的角度指出,课程不仅是静态的知识载体,而且还是一种动态的知识发展和创生的过程,师生借助知识而开展的教学过程,不仅是师授生受的单向过程,而且

---

① H. H. Jacobs. The Interdisciplinary Model: a Step-by-step Approach for Developing Integrated Units of Study[A]//H. H. Jacobs. Interdisciplinary Curriculum. Alexandria, VA: Association for supervision and curriculum development.

② 詹姆士·G.亨德森,理查德·D.霍索恩.革新的课程领导[M].志平,李静,译.杭州:浙江教育出版社,2005:16.

③ 恽昭世,王洁.普通高中综合课程的开发与思考[J].课程·教材·教法,1999(4):7.

是师生借助知识一起探索、共同探究新知识的过程,在这个过程中,知识能够被激活、被赋予新的意义。

此外,从课程与教学的角度出发,还有研究者提出了不同的看法。如,刘明远认为,课程整合一个更加重要的标志,是强调在教学过程中,加强知识之间的联系、加强学生的学习与个人的生活经验与社区生活,世界文明的进展之间的联系。①

课程整合,本质上是为了打通联系,构建整体。有研究者从整合学校系统的角度指出:"课程整合是使分化了的学校教学系统的各要素及其各成分形成有机联系、成为整体的过程。"②还有学者从构建课程整体的角度指出:"课程整合是与课程分化相对的一种课程设计与实施的理念和策略,课程整合又称为'课程一体化',是指把分门别类的课程或学习科目,以及特定的一系列学习活动紧密联结在一起,构成具有整体效应的课程结构。"③还有学者提出了综合性的观点,即课程整合是课程设计的理论,也是课程发展与组织的方式,还是教学的方式,是呈现联与结的动作,主要是让学生获得有意义的学习。这种观点既展现了课程知识间的联系、教学方式的开展,又兼顾了学生在过程中的主动探究和意义建构行为。

四、课程形态的整合

课程形态的整合是指并不直接讨论课程整合的定义问题,而是通过描述某种课程形态的形成进而阐述课程整合的含义。如,施良方认为,核心课程是分科课程的对立,它一反分科课程将各门学科进行切分的做法,而是在若干科目中选择若干重要的学科合并起来,构成一个范围广阔的科目。④ 又如杜威的活动课程,或称为经验课程(experience curriculum)、儿童中心课程(child-centered curriculum)中,提倡教育即生活,认为课程设计应依据当前社会生活的需要选择适切的材料,做适当的组织,"学校科目互相联系的真正中心,不是

---

① 刘明远.21世纪,谁来教综合课:谈新课程结构的重构[M].北京:北京大学出版社,2002:25-26.
② 黄甫全.整合课程与课程整合论[J].课程·教材·教法,1996(10):9.
③ 郭元祥.新课程中课程整合的理念与策略[J].语文建设,2002(3):4.
④ 施良方.课程理论:课程的基础、原理与问题[M].北京:教育科学出版社,1996:279.

科学、不是文学,而是儿童本身的社会活动"①。雅克布斯提出课程整合是课程计划的连续体,以"学科"和"儿童"为向度,课程整合有不同的课程形态(图3-3)。这个意义上的课程整合,经常和综合课程通用、混用。

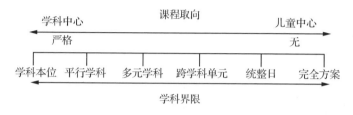

图 3-3 课程计划连续体

五、教育态度的整合

教育态度的整合,是一种从态度的角度界定课程整合的哲学阐释。课程整合既不单是一种课程组织形式、教学方式,也不完全是课程建构的思想和理论,它还是一种态度,一种整合的、关联的、系统的态度和认知倾向,以整合的态度来面对教学和课程,必将开启课程和教学发展的新征程。

陈伯璋认为,"课程统整"不能只停留在分科知识的争论上,它是一种态度,将知识的疆界打破,透过教学活动,使知识和生活联结起来。通过资源的流通、支援和整合,不同的、孤立的知识成为整体化的体系,学生可以在好的学习环境中快乐学习。②

从哲学的角度看,20世纪70年代左右,"再概念化学派"成为课程领域的一股新兴势力,后来这个学派又分化为现象学和社会批判两种。现象学学派的课程理论重视的整合是以个人生活经验为核心的自我整合;社会批判学派重视的整合是以社会问题为核心的整合,是对教育和社会关系的一种态度整合。③ 这里的"态度整合"代表着一种新的认知和解读世界的视角和思维方式,是从哲学意义上的本体论层面阐释课程整合的价值与意义。现象学学派

---

① 杜威.民主主义与教育[M].王承绪,译.北京:人民教育出版社,1990:210.
② 陈伯璋.课程统整的迷思与省思[M]//欧用生,陈伯璋.课程与教学的飨宴.高雄:高雄复文图书出版社,2003:30.
③ 周珮仪.课程统整与课程分化[M]//台湾课程与教学学会.课程统整与教学.台北:扬智文化事业有限公司,2000:10.

对个体生活经验的肯定,与社会批判学派对以社会问题为中心的强调,均揭示了课程整合中非常重要的核心内涵。完整的课程整合,既不能忽视个体生活经验,凭空构建无意义的知识联结,也不能脱离社会背景建构无用武之地的问题情境。

后现代主义和"再概念化学派"有着千丝万缕的联系。拉什(Lash)提出了"去分化(de-differentiation)"的概念。罗蒂(Roty)主张一种综合性的、无主导性的后哲学文化,使哲学、文学、历史、美学、人类学、政治学等各领域相互渗透。吉罗克斯(Giroux)主张课程发展要转向一种"边界教育学",以反文本、反记忆及差异策略来反对学科领域之间、社会生活不同领域之间、教育与社会生活之间、知识(课程)与学生经验之间、种族与种族之间、权力中心与边缘之间存在的固定不变的界限,承认并推动这些界限的变化。①

欧用生提出要对"课程统整"进行再概念,他认为,课程是理论、研究和制度化混种的、整合的领域,但现代的课程是独特的、一致的,需要有合作、对话和学问的自主。他从课程设计的统整、知识统整、经验统整和社会统整等四个层面探讨课程统整的概念重建。②

综合以上关于课程整合的理论认识,我们不难发现,近年来课程整合的含义越来越呈现多元化的趋势,不同的学者基于不同的视角、层面、维度、范围等,均可以提出具有一定参考价值的内涵界定。这足以说明,关于课程整合的内涵尚有许多理论问题有待澄清,尚有许多学术领地有待开垦,这对关于课程整合的理论研究者和实践探索者来说,是值得欢欣鼓舞的。

课程整合的目的在于在知识学科之间建立有意义的联系,打破学科间的壁垒和樊篱,实现知识的整体化、系统化和一体化。整合,是核心,是过程,亦是结果;分科课程是课程整合得以发展的对应面,也是持续发展的资源供给者和助推剂。从特定的学科来看,"分科课程代表了一种整合的知识,在分科的框架中,也可以部分地实现课程的整合;所有的课程整合的形式不论是学科取

---

① 亨利·A.吉罗克斯.跨越边界:文化工作者与教育政治学[M].刘惠珍,张弛,黄宇红,译.上海:华东师范大学出版社,2002:3.
② 欧用生.课程统整再概念[M]//欧用生,陈伯璋.课程与教学的飨宴.高雄:高雄复文图书出版社,2003:10.

向还是活动取向,都离不开各个分化的学科"①。但课程整合更强调学科间知识的关联,强调围绕特定主题的相关知识的融合,强调知识在特定问题情境中的提取和应用,因此,课程整合的核心在于建立联结、发生联系、建构意义、投入应用。教师与学生是否能够主动参与并深度介入课程整合的过程,将在很大程度上决定着课程整合的效果;课程整合强调知识与知识、知识与社会、知识与学生的联结,使学生的学习对个人经验的意义、社会生活的意义、知识学习的意义更为完整。课程整合的模式尽管有很多种,但其核心思想都是强调知识关联、意义建构和应用导向,而这些都需要教师和学生去主动认知和理解。笔者还要特别指出一点,课程整合作为一种课程发展的方向和未来形态,本身是一种开放性结构状态,与其说是在整合各学科的知识,不如说是提供了一种关于整合的思维方式、一种解决问题的整合的思路。

因此,课程整合的结果是不可预知的、是开放的、是不确定的,我们可以预先知道的、确定的是协商并确定主题、密切合作探究、基于问题情境的知识汇集与联结、问题解决的能力和结果。以这种开放的、不确定的而非封闭的、确定的视野看待课程整合,应当更切合课程整合的本质内涵。

---

① 黄志红.课程整合的历史与个案研究[M].广州:广东高等教育出版社,2013:75.

第四章 学校课程整合的理论与实践

课程整合，作为一种课程发展的方向和趋势，在当前的教育实践中已经有所展现，许多学校已然开展了许多卓有成效的尝试和探索。学校是课程整合设计与实施的基本单位，教师是课程整合设计与实施的主体，学生是课程整合设计与实施的核心参与者。从学校层面来探讨课程整合的理论和实践，对课程整合的普及、落实与多元化发展具有重要的指导和促进意义。

第一节 学校课程整合的内涵

一、学校与课程的关系

课程是指学校学生所应学习的学科总和及其进程与安排。课程是对教育目标、教学内容、教学活动方式的规划和设计，是教学计划、教学大纲等诸多方面实施过程的总和。广义的课程是指学校为实现培养目标而选择的教育内容及其进程的总和，它包括学校老师所教授的各门学科和有目的的、有计划的教育活动。狭义的课程是指某一门学科。

在我国，"课程"一词始见于唐宋年间。宋代朱熹在《朱子全书·论学》中多次提及"课程"，如"宽着期限，紧着课程"，"小立课程，大作功夫"，等等，意指功课及其进程，与当今许多人对课程的理解基本相似。在这里，课程仅仅是指学习内容的安排次序与规定，几乎未涉及教学方法上的要求等，因此，在一定程度上，这只能称为"学程"。只是到了近代，随着班级上课制的施行和人们对教学程序或阶段的关注,课程的含义在我国才从"学程"变成了"教程"。

课程的英文"curriculum"是由拉丁语"currere"派生出来的,意为"跑道(race-course)"。这一词源导引出了对课程的两种不同的认识:一种认为"currere"的名词形式意为"跑道",重点是在"道"上,因而课程应重在为不同类型的学生设计不同的轨道;另一种认为"currere"的动词形式是指"奔跑",重点是在"跑"上,因而,课程应重在让每个学生根据自己以往的经验来认识事物,课程是一个人对自己经验的重新认识。看来,"课程"从其词源上,就预示着歧义与矛盾。

目前学者对课程的定义林林总总,甚不统一,其中,具有代表性的观点有以下几种。

第一种观点,课程即教学科目。我国一些有影响的工具书及教育学教科书大多持这种认识,认为课程即学科,既指一门学科,也指学生学习的全部学科。这种说法强调的是学校向学生传授学科的知识体系,其实质是"教程"。

第二种观点,课程即有计划的教学活动。这一定义与前者相比,更为宽泛一些。它将教学范围、序列和进程,甚至教学方法等都包括在内了,使得课程与教学的界限模糊不清。它把课程的主要特征视为可观察到的教学活动,而不是学生的实际体验。

第三种观点,课程即学习者在学校情境中获得的全部经验。这一定义在北美一些国家较为常见。它把"课程"定位在学生实际学到些什么上,着重指的是学生在学习中体验到的意义。这个定义的缺陷在于比前者又更为宽泛了一些,把学生的个人经验等都包罗进去了,以至于无法严密地把握课程的范围,对课程的研究也几乎无从着手。

二、学校是课程整合的基本单位

保罗·汉纳(Paul Hanna)与阿奇·兰格(Arch Lang)两人在1950年的《教育研究百科全书》中,列出了19项整合学校的特性。然而,比这些列举项目更为重要的是作者整合这些特性的方式,并据以发展其中心主题。

假如学校要主导价值系统的整合工作,那就应该认同并传递这些文化价值。而在认同价值的过程中,应以人类福祉为核心,促进跨文化的接触,提供社会思维的成长,以及引导学生对公民的权利与义务负起责任。

假如学校促进整合的目的在服务当地及更大的社区,那么,学校就应该扮演社区的中心,并和更大的社区保持密切的联系,使学校受到信任和支持;促进跨文化的接触,提升人文的活动;提供不同的社会能力的发展,特别是具备整合的领导能力;为共同的学习进行系统性的规划,加强彼此的合作,并且为民主的行动方法提供范例。

假如学校要提供一个有利于个人人格整合的环境,就应该照应每一位儿童的身心需求,培养儿童关怀与和谐的态度;让儿童在健全的成人辅导下学习;提供各种发展的类型;以直接的方式进行教学,通过有目的的活动实施教学;强化负责任的计划;利用合作方式促进个人的成长,通过健全的成人参与提供成长的机会;协助成人角色的发展,并且为持续的发展而做出计划。①

第二节 学校课程整合的设计与实施

对于学校(这里主要指基础教育阶段的中小学校)来说,开展课程整合,需要做好充分的前期准备,制订完备的实施方案,采取充分的配套措施,准备必要的资源条件,其中,课程整合的目标与规划、内容与形式、实施与保障是学校课程整合实践的核心主体部分。

一、学校课程整合的目标与规划

这里的目标与规划是指学校在开展课程整合之前预先设定的目标,以及对课程整合实施全过程的顶层设计与系统规划。《礼记·中庸》有言,"凡事预则立,不预,则废",就是说,做任何事情都需要提前做好充分准备,这样才能做成事、做好事;如果做事情之前准备不充分,那么事情便做不成、做不好。对于课程整合来说尤其如此,因为课程整合涉及学校的全体人员、全部资源和全部组织部门及制度,只有统筹安排、协调配合、全员参与,才能取得课程整合的

---

① James A. Beane. 课程统整[M]. 单文经,等译. 上海:华东师范大学出版社,2003:37.

预期成效。

学校课程整合在目标设定方面应注意以下四点。

第一,课程整合的目标设定要有助于基础教育目标的达成,即课程整合在根本上也是为了促进学生的全面发展、个性发展,完善学生的综合素质,开发学生的潜能,提升学生的创新能力,等等。

第二,学校课程整合应在分科的基础上,尝试开展跨学科整合,帮助学生理解不同学科中那些共同主题下的内容的不同呈现方式,让学生意识到学科之间的知识是相通的、相联系的,同时启发学生体会不同学科所具有的独特的视野和审视世界的角度。从促进学生发展的角度来讲,课程整合只是一种途径和手段;课程整合的根本目的还是希望学生能够通过发现知识间的联系,进而认识到知识间的相通性,然后在生活中体会知识的作用,从而提升自己在恰当的时机或情境下运用知识的能力。

第三,学校课程整合应以启发意识、培养能力、把握结构为主,而非以记忆知识和强制灌输为主。对于基础教育阶段的学生来说,固然需要把握社会生产和生活的常识,也需要记住一些基本的规则和知识,但更重要的是保持自己对世界天然的好奇心和敏感度,然后有意识地启发自己的问题意识、探究倾向,逐步激发自己对知识的初步理解和建构。课程整合能够启发学生认识到知识间互相联系的意识,这种意识有助于学生拓展看待同一现象或问题的视野,增加新的思维方式和思考路径。

第四,学校课程整合应着眼于学生的已有经验,兼顾相关学科的基本知识和核心概念,以学生的自主理解和建构为突破口,慢慢形成和完善学生的知识结构和经验基础。有效的课程整合,一定是诉诸学生的知识结构和经验基础的,新知识只有嵌入原有的知识结构并建立深刻和密切的联系后,才能获得意义,才能真正展现其应用价值。因此,课程整合的成效好坏,在很大程度上就取决于相关知识和活动的设置是否能够以学生的经验为基础,是否能够有助于学生自主构建和重组经验的内容与结构。

学校课程整合还要做好完善的顶层设计和规划,需要注意以下三点。

第一,成立课程领导机构。课程整合,需要动员全校力量一起参与。鉴于我国的基础教育管理体制和文化特征,推进学校课程整合,需要由校长亲自担任课程领导小组组长,而领导小组成员应包括由副校长、相关行政部门负责人、相关学科教研室负责人、后勤部门负责人等(图4-1)。

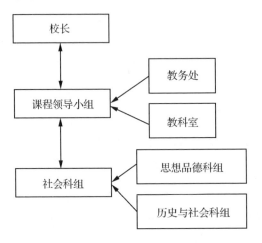

图4-1 学校课程整合组织架构

第二,组建课程整合教师团队。课程整合的教师团队主要由相关学科教师构成,团队成员应具备一种基本的跨学科教学意识,在充分了解本学科知识的基础上,善于发现本学科与其他学科的相通之处;同时,团队成员还要培养一种积极对比各学科关于同一主题的知识内容、结构和形式的差异的意识。而课程领导机构应根据课程整合的进展情况,在开始前和过程中,对教师团队进行专题培训和研修,提升教师对课程整合的准确理解能力和跨学科知识的把控能力,这样既可促进教师的专业发展,又可提升课程整合的实操能力。

第三,制订课程整合实施计划,并按计划稳步施行。制订完备的实施计划,并严格落实,将学校课程整合作为一个项目,明确项目的起止时间,一般是第一期历时三年,三年期满后评估效果,决定是否开展第二期。这里的实施计划要分层、分类、分内容,明确每年、每学期、每个月,甚至每周的主要目标,定期组织召开项目进展沟通会、课程整合问题研讨会、课程整合资源条件协调会等。只有职责清晰、分工明确、严格落实,才能取得良好的项目成效。此外,对于涉及校外相关机构的内容,还需要请校长出面协调,建立联席会议制度,积极与家长、社区、其他社会机构沟通合作,争取最佳的资源支持,以产生良好的社会反响。

二、学校课程整合的内容与形式

学校课程整合的内容是主体与核心,内容安排的恰当与否直接决定了课程整合的效果好坏。对于学校来说,课程整合的内容设置应注意以下几点。

第一,学校课程整合的内容主要源自各学科现有的知识,是在已有学科知识的基础上进行联结、组合和凝聚,不必花大力气自编教材,也不必刻意选择过于特殊的内容或资源,而是在现有分科课程的基础上,由相关教师一起讨论,选择若干主题,然后各学科选择与这些主题相关的知识内容,再以主题为中心,逐个讨论具体的教学内容和形式。这种以主题为主的课程整合教学,既照顾教师对学科知识的传授,又让学生认识了同一主题在不同学科中的表现方式,还能够在问题情境中检验学生对知识的理解和应用能力。

第二,学校课程整合的内容应贴近学生的生活实际,密切联系学生的已有经验。只有贴近学生的生活实际,学生才会感兴趣、不陌生;只有诉诸已有的经验,学生才能实现新知识的内化与理解。比如,有学校设计了这样的内容框架:以"我"为起点,从"我"出发到"周围的世界"再到"社会文明史",最后是"社会生活"的三个单元,分别对应七至九年级。每个单元下分为不同的专题,七年级的"我与周围的世界"单元,分为认识自我、家庭生活、学校生活、社区生活、大众传媒、我们生活的区域与环境等六个专题,既整合了"我与社会文明史""我与社会生活"等内容,也整合了思想道德、心理健康、法律法规、经济现象、政治文明、文化传承、资源环境、历史国情、人文地理等内容(图4-2)。① 总的来说,这种课程整合内容可以概括为"'我'的生活世界",既贴近了学生的生活实际,又诉诸了学生的已有经验。

---

① 黄志红.课程整合的历史与个案研究[M].广州:广东高等教育出版社,2013:101.

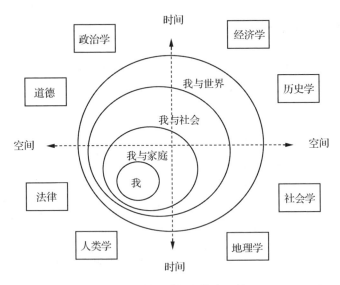

图 4-2　某中学课程整合设计

第三,学校课程整合的内容应符合学校的办学愿景及目标,能够纳入学校的总体课程计划之中,能够得到学校的各种资源和条件的支持。对于学校来说,课程整合项目不是凭空产生的,也不能自动实现,所谓"巧妇难为无米之炊",如果把学校的课程团队比作"巧妇",那么课程整合的内容就是"米",课程整合就是"炊"。为了给学生提供营养丰富之"炊",需要有绿色无公害之"米",即课程内容既要有内涵、有意义,还要可操作、可利用。将课程整合纳入学校课程总体计划之中,体现了学校课程建设的系统架构;选择符合学校办学愿景和目标的内容,体现了全面育人、全员育人、全方位育人的教育基本要求。

学校课程整合在形式上应注重以主题为中心,兼顾单元和领域。课程整合的内容是以"我"(即学生)为中心,向外展开,涉及家庭、学校、社会、知识、经验、能力,这就需要在教学形式上分层次、分类别、分领域。课程整合最基本的教学方式是以主题为中心,组建相关的学科知识群,然后再开发相应的教学内容和资源。因此,主题是最小的课程整合单位,多个主题组成单元,一系列单元又构成某个领域的知识集合。

例如,某学校在开展课程整合的过程中,认为现行的思想品德课程学科性不强,内容空洞,再加之其不是考试科目,于是决定以"历史与社会"为基础,将思想品德教育转化为"议题""概念"或"策略",融入历史与社会中。具体的方式是先确定人的生活领域(人与自我、人与人、人与社会、人与自然),领域下面再按照时空线索分成若干单元,单元分设主题,主题可参考《历史与社会》教材,主题后是课堂教学或实践活动。①

在课程整合的教学形式方面,尽量以教师的班级课堂教学为主,不使用协同教学的形式,尽量不影响学校的现有体制、教学计划,不影响相关学科的知识逻辑性、次序及教学进度。因为这种形式的可操作性较强,可以获得的资源和条件支持也最大。

课程整合还可以揭示知识的社会属性,赋予学校里的知识社会性的认知背景。从社会学的角度看,学校是社会的一部分,学校所处置的信息、知识仅属于社会文化与信息的极小部分。这种在学校里所授受的信息与知识,可以统称为"学校知识"。20世纪70年代以来,兴起了一种叫作"新教育社会学"的理论流派,该流派认为,"学校知识"即使是通过正式课程加以授受,也存在着教学过程中借助师生之间的交往和相互解释而加以再定义、再建构的一面。这就是说,学生不仅从每日每时的课堂教学与顺应制度要求中接受一定的规范、价值的隐蔽灌输,而且应当认识到教育体制之外的职业、权力、意识形态、文化知识等的分配与控制同学校生活的各个阶段紧密结合在一起的事实。课程整合有助于促进学生认识知识的这种社会背景,有助于其调动已有的经验进行理解和建构。

"学校知识"批判就是在这种问题意识的背景之下展开的。日本课程研究学者长尾彰夫说:"学校是通过传递人类文化遗产——科学知识,去谋求儿童成长与发展的机构与组织。不过,现实的学校果真如此吗?学校难道不是在发挥着管理、支配、控制儿童的功能吗!——可以说,对于学校知识的批判就是从怀疑'至善的学校'开始的。"②

---

① 黄志红.课程整合的历史与个案研究[M].广州:广东高等教育出版社,2013:101.
② K. A. Bruffee. Collaborative learning and the "conversation of mankind"[J]. College English, 1984(7):635-652.

三、学校课程整合的实施与保障

完善的实施方案和充分的保障条件是学校课程整合的基本保证。良好的课程整合实施过程,应具有如下几个方面的特征。

第一,实施前准备充分。这具体包括:参与课程整合教学的教师应充分了解课程整合的目标、结构和内容;课程整合教师团队能够协调配合、密切合作,能够一起研讨、平等协商,然后确定课程整合过程中的教学重点和难点;实施前制定较完善的教学资源安排和情境设置,提前联系相关的行政部门支持,涉及校外教学资源的事项,也提前沟通并确定。

第二,实施过程中规范有序。课程整合的实施能够按照计划稳步推进,能够依据原先主题课程设计的目标架构进行;教学方法的选择有助于课程整合目标的实现,相关教学资源能够满足教学的需要;所设计的教学活动,能够引起学生的好奇和兴趣,能够激发学生合作学习的意愿;在教学过程中,师生互动良好,配合默契;学生在学习的过程中,能够主动联系已有经验,加深对知识的理解,同时善于运用这些知识解决情境中的问题。

第三,实施之后效果明显。课程整合实施之后,教学应能够基本达成课程整合的目标;学生习得必要的新知识,同时在所设置的问题情境中,能够表现出乐于学习、合作学习的行为,并能够利用新知识解决相应的问题;学生能够完成相应的教学评价测试,且测试结果良好。

为了保证课程整合顺利实施,且达到理想的实施效果,学校应努力做好如下几个方面的工作。

第一,教师在教学的过程中,宜按照预先商定的设计方案展开教学,所采用的教学方式方法可以适当调整,但不宜改动太大。因为课程整合的最大特点是实现学科知识间的沟通与联结,是围绕某个主题来整合相关学科的知识。而从当前我国教师队伍的自身素质来看,依然是以分科教师为主,许多教师非常熟悉本学科知识,但对其他学科知识的了解就不甚充分,所以在开展课程整合过程中的教学时,难免出现不能完全把握非自己擅长的学科知识的现象。对此,我们不能苛求参与课程整合的老师都精通相关学科,而是要在互相尊重和理解的基础上,协商制订教学设计和方案,包括教学过程中采用的教学方

第四章 学校课程整合的理论与实践

法、相应的教学资源和条件等。具体实施教学的教师需要尊重非自己擅长学科的教师的建议,积极吸收采纳并运用。只有这样,才能保证课程整合教师团队的合力最大,教学效果最佳。

这里还需要补充一点,考虑到教育教学实践的复杂性和不确定性,对于参与课程整合的教师来说,应坚持"能融则融,能分则分"的原则,即根据实际教学情况,灵活调整课程整合的内容、结构、顺序和形式,不必过分拘泥于之前的预设和规划。

第二,教师在课程整合的教学过程中,应着重培养学生的探究和合作学习的能力,把握知识间联系,并有意识地在情境中运用知识。让学生记住相关知识并能够在适当的情境下加以运用,是课程整合要实现的重要目标之一。因此,在教学过程中,教师一方面要注重学生之间的合作,激发学生主动探究的意识;另一方面还要引导学生发现知识之间的联系,能够运用知识分析具体的问题,并探寻解决问题的具体策略。另外,也应充分顾及学生的已有经验,所选择的主题、引入的资源或案例,应尽可能地接近学生的已有经验。

在课程设计当中,学生以主题为焦点,在学习相关关注焦点时,应注重整合四种知识:个人的知识,着重在自我关注与认知自我的方式;社会的知识,着重在社会与世界的议题,包括从同伴关系到全球关系,以及这些关系的批判考验方法;说明的知识,着重在命名、描述、说明、诠释等的内容,涵盖不同知识学科、常识或普通知识;技术的知识,着重在调查沟通、分析与表达的方式,涵盖学校倡导的许多技能。当然,还有尊重人性尊严、珍视多元观点等,都是所有课程经验需要强调的部分。同时,运用两个或更多学科知识的学习活动,并不是某种特定的课程设计方法的专利。就算担任某一单独科目的教师,有时也会在教学过程中介绍其他科目领域的知识。对倡导课程整合的教师而言,这些活动是教师生活中的日常行事。但是,没有任何一种方式,比运用大型或全班分组的专题研究方式来整合某一个单元的所有面向,更适合于标示课程整合所代表的意义。

第三,教师在课程整合的教学过程中,还应充分尊重学生的主体地位,重视学生的自主建构和理解,适当进行拓展和延伸。在当前的教育实践中,课程整合的空间还相当有限,各种教育评价依然以分科的形式进行,对于涉及重要考试的科目，学校也不会轻易将其纳入课程整合的范围内。这就意味着，即使在课程整合实施过程中，教师也不能忽视教育评价的影响，更不能降低各学科对于相应知识的教育要求。因此，在课程整合的实施过程中，一方面需要尊重学生，让学生尽可能地整合相关学科知识，探究知识的应用价值；另一方面也应顾及相应学科的独特要求，对于不适宜整合的内容，应果断采用分科讲解的方式进行。对于学生来讲，有选择地接受或倾听教师讲授的内容，也是可能出现的现象。对此，教师不必担心，更不必恐慌，因为学生对于课程整合的理解和认识，也需要有一个适应的过程。

第三节 学校课程整合的实践反思

对于课程整合，当前我国已有一些学校开展了理论和实践探索，但从实践情况来看，结果不甚令人满意。这一方面是由于理论界对课程整合的研究还不够全面、深入和细致，以至于许多实践者无法准确理解课程整合的真正内涵，从而在实践中发生偏差；另一方面是由于课程整合本身确实不是简单的组合、融合和结合，而是需要在把握课程整合实质的基础上，师生共同参与，共同建构课程整合的主题、内容、形式和资源，这对习惯于操作的实践者来说，颇难度。对学校课程整合实践的全面反思，有利于厘清课程整合在实践中的动态，剖析教学实践对课程整合的落实效果，以便在后续的实践中，能够完善课程整合的实践操作方式。

一、关于学校培养目标的实践反思

课程整合是实现学校培养目标的一种方式，是学校课程优化与调整的一种途径。整合的课程不仅有利于弥补分科课程的不足，而且有利于引导学生发现并重视知识之间的联系，还有利于培养学生的知识应用能力。课程的分化与整合都是课程的实践形式，课程的本质在于促进人的发展。因此，从根本上讲，只要是能够促进人的发展的课程，就是好课程。对于学生的发展这一根本目标，我们首先要讨论的是"什么知识是最重要的"问题，而对于基础教育来说,这个问题的答案应该是对学生将来发展最重要且学生能够学得到的知识。厘清这些知识及其呈现方式是课程整合的起点。

　　课程整合是一个过程,而非一劳永逸的结果。理想的、全面的整合一时难以达成,可以先从容易的、熟悉的、局部的、低度的整合开始。[①] 比如,先在学科内进行教学目标、教学内容、教学方式方法上的整合,然后在相邻近的科目中进行沟通、协同教学,最后在更广阔的学习领域,如人文社科领域、自然科学领域乃至技术领域进行沟通,从而为有限度的整合创造现实性前提。从过程的角度来理解课程整合,可以避免狭隘的、固化的限制性课程整合。过程视角给课程整合提供了开放的结构和拓展的空间,教师和学生在这个过程中,借助相关的学科知识,可以实现无限多的变式,创造出既便于理解、又利于应用的知识和技能整合模式。

　　从课程整合的实践操作来看,学校应当为课程整合建立改革支持系统。比如,建立教师专业发展系统,以帮助参与课程整合的教师尽快把握课程整合的内涵;建立课程整合项目定期交流制度,以保证项目参与者相互了解,保证项目推进的整体进度;在课程整合的教师团队、学校行政人员、资源提供者等相关人员之间建立有效的沟通机制,以利于分享信息,统筹协调课程整合的效果;还要倡导一种协同合作的教师文化,以便建立一种跨学科、跨学校甚至跨区域的联盟;开展校际的课程整合联合探索,以便扩大课程整合的实施范围,共享课程整合的成果。

　　从课程整合的目标导向来看,学校的课程整合应当达成这样几个目标:加深学生对自我与世界的了解;提升运用知识解决议题的能力;开发课程以促进社会知识的整合;尊重年轻人的尊严及差异性。要达成这些目的,需要应用知识、批判思考、解决问题及其他复杂的知识,这是课程整合之所以比学科课程来得更具挑战性、严密性及学术性的缘故。

　　总之,学校课程整合是一个非常复杂的活动,它涉及学校愿景、转型的课程领导、教师文化革新与教师专业发展、学生学习等方方面面的关系,它所折射出来的问题远非单纯技术层面的课程设计发展那么简单,而是涉及学校课

---

① 徐玉珍.从学校的层面上看课程整合[J].课程·教材·教法,2002(4):26-27.

程发展理念的正当性与价值性、学校课程发展行为的合理性与合法性等价值伦理、政治哲学、文化哲学等更深层面的问题。对于学校课程整合的评价,并不是用所谓的实证或效能研究来判定其成败优劣那么简单。① 课程整合的结果呈现也不是显而易见和短期内可以发现的,而是要经过学生的内化、理解和应用。课程整合着眼于学生对知识的融会贯通,对问题的理性认知和全面考虑,对情境的直接面对和深入思考。从学校培养目标的意义上来讲,课程整合着眼于学生的深层次发展和综合性成长,是素养意义上的全面成长,而不是某个方面的片面成长。因此,课程整合的实施效果在根本上仰赖于参与整合的教师和学生的正确理解、相互协作和密切配合。

二、关于教育目的实现的实践反思

教育的根本目的在于促进人的发展。课程整合是实现教育目的的一种方式和途径,整合的课程比分科的课程更容易促进人的发展,也更易于被人理解和接受。

从课程整合的实践来看,抽象的课程目标的转化存在一定的问题,比如,课程整合的目标如何转化为学生的学习目标,如何转化为学生的行为习惯和情意态度,如何将目标分配在各个年级及相关的教学活动中。对于参与课程整合的教师来说,还面临着将课程整合目标转化为教学目标的问题。在教学目标的设定上,教师还需要分析学生的学习需要、学习任务,明确学生具体的学习行为等。由于教师对课程整合的目标理解有限,因此难免导致目标转化的偏颇或片面。

在课程整合实施过程中,是否需要重新编制相应教材的问题,也是不易解决的。在分科课程框架中,各学科均有相应的教材。以教材为载体,各个学科的知识获得了较好的实现途径。那么,课程整合是在分科课程的基础上进行的联结和整合,是否需要编制相应的教材呢?从理论上说,最好能有相应的教材作为依据和参考,但从实践的角度看,编出符合要求的教材非常困难。原因之一是教师的理论功底有限、能力有限,编制普通的校本读物还可以,若编制

---

① 黄志红.课程整合的历史与个案研究[M].广州:广东高等教育出版社,2013:148.

相应的教材则难免力不从心。二是当前的课程整合还只是一种倡议和导向，虽然国家鼓励学校开展相应的尝试和探索，但在教育评价方面，如考试，依然保留着明显的分科课程架构。这就意味着即使学校开展课程整合的实践，还是要接受分科课程的评价，若评价结果不理想，依然要受到相应的问责。在这种状态下，哪个校长都不会轻易放弃使用国家规定的教材，而自行编制相应的教材。三是课程整合更多的是一种理念，是在分科课程的基础上，将特定主题下的相关知识进行整合和重组。所以，课程整合离不开分科课程，它是对现有分科课程进行再组合，在这个意义上，或许没有必要重新再编制新的教材，而是对现有的各教材知识进行适当梳理，然后有选择地进行再组合就可以了。

此外，课程整合的内容需要由师生共同来建构。教师与学生围绕某个主题，基于个人与社会的经验，以问题为中心，开展课程资源的开发、课程计划的拟定和课程活动的实施等。这就是说，课程整合并不是重新安排课程计划的方法，而是一种兼容并蓄的课程设计理念，涵盖了学校的教育目标、学习的本质、知识的组织和应用，以及教育经验的意义等。

课程整合的过程，可以促进知识与学生经验之间的有效联结，但是，在联结的过程中，教师可能会遇到许多具体而现实的问题，例如，如何和学生共同规划课程？什么是在专题研究中浮现的知识？探讨的深度及广度是否足够？该在何时介入学生的思考或保持中立退居幕后？在一个单元中应该讨论多少广泛的议题或问题？与单元有关的问题真的都是重要的议题或问题吗？外在机构或其他教师认为重要的知识对学生是真正重要的吗？谁应该来回答这些关于知识、评估、主题确认等的问题呢？这些问题，既需要教师进行缜密的思考与预设，也需要学生积极参与并做出相应的努力和反馈。

总的来说，从更好地促进教育目的实现的意义上讲，教师的执行力是课程整合过程中的一个重要问题。参与课程整合的教师是课程整合的主力，在根本上决定着课程整合的效果和质量。从实践中，我们发现，许多教师依然在被动地服从学校决策，他们既不能准确理解课程整合的内涵，又无法保质保量地完成相应的教学要求。有时候，他们仅仅是将各学科知识进行简单的拼凑，这是对课程整合的极大误解。因此，参与课程整合的教师应当接受相应的训练，尝试理解课程整合的真正含义，一方面有意识地打破学科界限，超越教材，另一方面要与学生的经验相通,与外部真实的生活情境和问题情境直接相连,营造一种以"学生—知识—情境—理解—应用"为核心的课程整合系列环节,真正让学生通过课程整合,获得知识的增进和能力的提升。

三、关于学生发展成效的实践反思

学生的发展成效是评价课程整合质量的关键指标。从课程整合的实践来看,学生对课程整合的认识、成效依然存在着一些问题。比如,许多学生不理解什么是"整合",只是简单地认为课程整合就是将几个学科的知识一起上,就像一会儿上历史,一会儿上地理。不过,尽管存在一些问题,参与课程整合的学生还是发生了一些明显的变化,比如,思维变得开阔、活跃,实践操作能力得以增强,知识面得以拓展,对知识间的联系及其应用也有了全新的认识和理解。

有关课程整合最具争议性的议题核心,简单地说,即"如果我们从科目中心的方式转移到课程整合,知识学科是否会被放弃,或是陷入一片混乱?"当我们对于真正的课程整合进行深思熟虑之后,会发现知识学科不但不是敌人,反而是有用而必要的盟友,因为这些知识构成了课程整合的资源。

传统的以各门学科知识为基础的学科课程,无法引起学生足够的兴趣,也不足以引导学生发现知识之间的联系。而课程整合的理念,则体现了以学生为本的思想,让学生在课程建设过程中发挥一定的作用,参与到课程的设计、规划、实施与评价之中,并在这个过程中,建构自己对世界和社会的价值与意义。正是由于课程整合理念鼓励学生用心灵审慎地看待这个世界且建构他们自己的意义,因此,它比传统的学科课程要更复杂、更困难、更难以实施。课程整合之于学科课程的优势在于:学科课程强调学科分野,学科的系统知识是构成课程的主要内涵。[①] 这种课程形态属于本质主义式的思维方式,在这里,教师和学科专家是界定课程内容的"权力中心",学生居于学科社群金字塔的底层,并无课程决定权;而课程整合的形态软化了学科之间的界限,整个课程的目标在于探讨中心主题,在这里,主题就是真实的生活脉络,所有概念的学习

---

① 钟启泉.课程的逻辑[M].上海:华东师范大学出版社,2019:85.

都旨在理解真实生活的问题。所以,从主题的形成到概念的分析,整个学习活动的安排都由师生共同参与,整个学习活动也更加重视学生的主动建构。"学科整合"的研究特色就在于寻求学科内容的相关性,以求得课程的精要化;同时强调学生主动活泼的学习,而不是教师强加的被动学习。课程整合实现的与否及在多大程度上促进学生的发展,就取决于学生能否主动介入、教师能否准确把握课程整合的含义。

因此,基于课程整合的理念,我们要相信学生有权利变得有智慧、有见识,在他们的世界中寻找意义、建立价值观、形成世界观。作为教师,我们有必要通过落实课程整合的理念,帮助学生达到这些目标。

第五章　课程整合的发展趋势

课程整合,作为课程发展的重要方向,经过数十年的发展,已经在理论和实践上取得了一定的成就,得到了国际课程研究界的普遍认可,在许多国家的教育实践中,也取得了良好的效果。我国在课程整合方面的理论与实践,相对于国际社会来说,具有优势和特色。近年来,通过教育政策文件的指导,许多学校也开展了卓有成效的课程整合实践,形成了良好的社会反响。明确课程整合的发展趋势,结合教育实践,开展具有区域特色的课程整合探索,对于更好地实现教育目的、高质量地完成立德树人的根本任务、促进学生的综合素养和创新能力的发展都具有重要的作用和意义。

第一节　走向经验改造与重组的课程整合

课程整合是针对分科课程而展开的知识联结、互通和融合的有益尝试,知识在个体身上的表现就是经验。不同学科知识的联结,实质上就是对学生所获得的经验间的联结。著名教育家杜威曾明确指出:"教育即经验的改造与重组。"意思是,教育促进学生发展的根本表现在于帮助学生实现自身经验的改造与重组。而课程整合就是帮助学生实现自身经验改造与重组的重要途径。走向经验的改造与重组是课程整合未来发展的基本趋势。

一、课程整合的经验向度

前文已述及课程整合有四个向度,分别是知识整合、社会整合、经验整合和结构整合,其中,经验整合是课程整合的基本内容和核心要素,课程整合的一切尝试在根本上都是为了帮助学生实现经验的改造与重组。

一般地说,人们对于世界的认识、对于生活的感悟,诸如各种观念、信念、价值、意义等,在根本上都来自经验的建构。人们的日常生活,构成了人生的经历,诸多经历中那些能够给人们留下深刻印象的部分、能够给人们带来启发的内容,便进入人们的大脑中,形成并丰富人们的经验内容和结构。我们从经验中习得了观念,用来应对外界的问题和情境,同时,外界问题的解决和情境的反馈又进一步帮助我们补充、修正和完善我们的经验系统。因此,每个人的经验系统都是处于不断更新和完善的过程中的,同时,也都是独特的。面对同一个问题或情境,不同的人基于不同的经验系统,便会做出不同的应对方式。对于同一个人来说,对于不同的问题,也会激活不同的经验,做出不同的应对方式。

因此,对于学生来说,如何形成和获得较完善的经验系统及其意义解读方式,对于其适应社会生活,特别是应对真实的问题和情境,显得至关重要。建设性及反省性的经验,不仅扩展并加深了目前学生对自己及世界的理解,更能帮助其应付新的情境。

整合的学习是学生获得新经验、形成经验系统和生成意义解读方式的基本途径。整合的学习主要表现为两种形式:一是将新的经验整合到已有的经验和意义系统中,充实和完善已有的经验内容和结构;二是根据所面对的问题或情境,搜集相关的既有经验,进行组织和整合,以便合理恰当地应对问题和情境。这两种方式,一种是经验的输入,代表着经验系统的改造、充实与完善;另一种是经验的输出,代表着经验系统如何被使用以体现其应用价值。

课程整合中的经验整合的根本目的就是通过组织课程经验和知识,以协助学生将这些经验和知识很容易地整合于他们原有的经验意义系统中,然后再加以应用。

二、经验与课程的双向建构关系

个体通过获得经验而成长,教育的过程也是通过充实和完善个体的经验来实现的。在教育中,经验集中体现在课程中,课程是经验的载体和汇集,经验与课程之间存在着一种双向建构的关系。一方面,学生的经验需要借助课程的形式来获得,是以课程实施的形式实现的;另一方面,课程的所有内容最终都是以学生经验的改造与重组为根本评价指标。课程的设计与实施,要以学生经验的改造与重组的方式为基本依据。

经验的原初形态是体验,是个体在具体情境中所获得的最真切的感受。体验又分为直接体验和间接体验。人类的体验是形形色色的,其中有的未必有教育价值,这就提醒我们要选择有教育价值的体验。这里所说的体验当然是作为教育内容的体验,它包括学科中的学习体验和学科外的生活体验,两者作为体验,既有融合的部分,也有各具差异的部分。不过,两者存在一个共同点,即它们都是必须在学校教育中创造的"文化生活体验"。① 倘若从这个视点看,可以区分如下几组重要的经验。

(一)直接经验与间接经验

经验大体可以分为两种:一是体验性活动或是生活体验之类的直接经验,诸如游戏、工作;二是可以谓之代理经验的间接经验,诸如观看电视之类的视听活动、阅读活动。人原本就是通过直接经验成长的,但人生有限,不可能习得太多的信息,作为弥补,便需要有间接经验。间接经验,就是通过观察和了解其他人的直接经验而获得类似体验的经验,是不直接获得真切感受也能够形成的经验类型。

课程中的经验,既有源自直接经验的,也有源自间接经验的。对于一些基本的、常用的经验,可以通过设置问题情境、组织相应活动帮助学生获得。这类直接获得的经验,可作为后面经验的基础和背景,构成了基础层次的意义背景。对于一些不常用的、较抽象的或复杂的经验,一般是通过间接的方式让学生获得,比如,通过观看视频、学习相应描述,甚至是自主推理或想象等途径获得。

(二)个体经验、小集体经验、大集体经验

从经验涉及的范围来说,可以分为个体经验、小集体经验和大集体经验。

---

① 联合国教科文组织.学习:内在的财富[M].联合国教科文组织总部中文科,译.北京:教育科学出版社,1998:76-88.

各种经验各有其重要的教育价值。比如,个体经验的教育价值,包括可以强化儿童的自信,可以改变儿童对事物的看法,可以对其他儿童产生巨大影响,可以给予儿童全身心的震撼,可以引出新的问题,等等;小集体经验的教育价值,包括可以增强集体的凝聚力,可以促进小组活动的积极性,可以发挥每一个参与者的独特性,可以促进小组个性的形成,等等;大集体经验的教育价值,包括可以实现个体与小组难以达到的经验水准,更大程度地发挥每一个参与者的特长,等等。

在课程设置中,也要兼顾个体经验、小集体经验和大集体经验。个体经验体现了个体独特的经验基础和意义背景,是个体建构和理解的基础。小集体经验是形成区域性理解、小团体共识的基础,也是个体在小集体内能够互相认识、沟通交流和理解认同的基础。大集体经验则是一种更大范围的共识,乃至社会层面的规范、价值、信念和文化。从社会文化的角度讲,个体只有习得了特定社会的文化符号及其相应的使用规则,才能真正融入社会,才能与其他社会成员实现交流与沟通。

三、课程整合应注重经验的改造与重组

既然经验是课程整合的基础,那么课程整合就应当特别重视经验的改造与重组,应当遵循经验的习得、构成和建构的基本规则,只有这样才能帮助学生获得经验、建构经验并完善经验。

知识,在根本上是以经验为基础的。知识的主体在于知识的意义,而不是无意义的符号的堆积。知识的意义由经验所构成。某种概念的确立必须建立在具体的经验之上,否则,其意义就是空洞的。比如,"动物"的概念是由许多有关动物的具体经验形成的意义范畴,而不是停留于动物抽象符号的集结,如果仅仅记住"牛""羊""马"这些符号,并把它们称为"动物",是无法形成"动物"的概念的。

课程整合就是为了实现各学科知识间的联结,本质上是直接着眼于各学科知识背后的经验基础的,从而在经验层面上实现沟通与整合。从这个意义上来讲,课程就不单单是各种已经分化了的学科知识的汇集,而是分科知识背后的、原本就相互联系的经验的聚集。经验层面上的课程整合,更有利于学生

实现自身经验的改造与重组,也更有利于结合真实的问题情境,应用相应的知识。

人与人之间的交流,需要通过对话来实现,对话的本质是实现经验的互通与理解。在教育过程中,要实现学生经验的增长,也需要对话,需要交流。正如著名教育家弗莱雷所说:"没有了对话(dialogue),就没有了交流;没有了交流,也就没有真正的教育。"①戴维·伯姆也曾说过:"在对话中我们不是互相对抗,而是共同合作。"②"对话仿佛是一种流淌于人们之间的意义溪流,它使所有对话者都能够参与和分享这一意义之溪,并因此能够在群体中萌生新的理解和共识。"③

对话的基础是平等,对话的本质是经验和意义的交流与互通。教育中的对话是以学生的经验为基础的,是教师和学生通过课程中蕴含的经验媒介,实现各自经验的建构、改造与重组的。但是,从教育实践来看,教师习惯于采用缺乏平等沟通和交流基础的灌输式教学,并不以学生的基于其经验的认识活动为媒介,而是片面地注入知识。教师以为只要照本宣科地让学生被动地接受教科书中的"系统知识",学生就能系统地习得这些现成的知识。这种灌输式的教学排斥了学生应当把握的现象、过程与自身的表象和经验之间的关系,无视新知的生成与发展乃是这种教学方式的结果。如德国哲学家卡西尔(E. Cassirer)指出的,"往一个人的灵魂中灌输真理,就像给一个天生的瞎子以视力一样是不可能的。……如果不通过人们在相互的提问与回答中不断地合作,真理就不可能获得"④。看来,仅仅靠教师讲授是难以习得知识的。

在一定意义上,知识是一种关系性的存在。在这里,关键的是所谓知识不是现成知识的灌输,而是所应从事的活动。换言之,认知之所以发生,是由于贯穿在学习主体与客体之间交互作用的某种方式。反言之,认知方式实际上是通过认知的行为来建构的,而不是通过简单的、单向的灌输来建构的。正如新教育的先驱蒙田在他的《随感录》中所讲的:"人们对着我们的耳朵,就像往

---

① 保罗·弗莱雷.被压迫者教育学[M].顾建新,赵友华,何曙荣,译.上海:华东师范大学出版社,2001:93.
② 戴维·伯姆.论对话[M].王松涛,译.北京:教育科学出版社,2004:7.
③ 戴维·伯姆.论对话[M].王松涛,译.北京:教育科学出版社,2004:6.
④ 恩斯特·卡西尔.人论[M].甘阳,译.北京:西苑出版社,2003:10.

第五章 课程整合的发展趋势

漏斗里灌注什么似的,无休止地声嘶力竭地叫喊,我们的职责只是翻来覆去地唠叨人云亦云的陈词滥调。请教师改一改这样的恶习吧。还是让他们从一开始就凭着自身的力量去品评,自己去辨别、选择和试验吧!时而给学生开辟道路,时而让学生去开辟道路。不能尽由教师想、教师讲,他应当听听学生的发言……要和着学生幼稚的步伐,一步步地引导开去,才能造就出高水平的真正有灵魂的强者。"[1]

任何事物、人物、观念事件都是作为"同我们有关系的东西"来变成经验的。这就是说,这些是在我们的有意义的相互行为之中的,并且我们是通过这种相互行为来获得实在的。儿童把母亲的脸庞作为母亲的脸来知觉,这并不是与生俱来的,也不是单纯经验的结果,而是母亲与儿童之间的基于接触和对话的相互行为关系的结果。经验在本质上是一种关系。因此,要理解经验,与其靠原子论或是个人主义的隐喻,不如借助"磁场"或是"织物"的隐喻所获得的媒介展开研究更为有效。

知识原本不是被动的,也不是在学习者的心理与外部世界的静态关系中产生的。对于知识的超批判性理解是:第一,知识离开了知识主体与客体的能动关系就不复存在;第二,知识本身是一种行为知识,不是习得的,而是实践的。"参与"起着决定性的作用。我们可以直截了当地说,知识是人类的实践行为。正如语言离不开说话者而独立存在一般,知识也离不开学习者而独立存在。进一步地说,知识总是从具体的、历史的、社会的语脉中产生的。我们之所以能够获得知识,就是参与过去与现在的他人的生活与思考的结果。知识是基于相互探究、帮助、沟通,共同地得以保存、发现和经历的。人们在世界中行动,在行动中获得知识。活动与参与认知的过程具有决定性的意义,这从儿童的学习中就可以明白。如果不允许儿童在三维空间中活动,使其不能跟环境产生交互作用,儿童就完全不可能认识世界。

从认识论的角度来看,综合行为的观念逻辑先于推理观念。正如亚里士多德指出的,一切的演绎性知识都依据于归纳性知识,而一切的归纳性知识都依存于认识行为。行为的原动力来自学习者能动的参与。学习者之所以成为

---

[1] 筑波大学教育学研究会.现代教育学基础[M].钟启泉,译.上海:上海教育出版社,2003:41.

学习者,就是基于探究和交互作用。一切的知识都是在关系中产生的,进一步地说,一切的知识都是借助关系建构的。所谓知识是交互作用的,是指通过参与活动,知识在参与中被表征理解。正如杜威所说:"所有的学习都应来自一个大的共同世界中的关系。当儿童的生活与共同世界建立起不同、具体而主动的关系时,其学习自然趋于统整。也因此学习的连结,将不再是问题。教师也就无需利用各种方式,从事将算术融入历史课中之类的工作。让学校与生活联系,则所有的学习必然是相互关联的。"①"传统的计划,本质上是来自上面的和来自外部的灌输。……它所规定的教材、学习和行为的种种方法,不适合儿童的现有能力,二者之间差距极大。"②这个意思就是说,只要儿童的生活与共同的世界建立了联系,那么学习的整合将自然实现,不必刻意安排相关的学科知识。儿童将会自动根据相关的生活和社会议题,组织相关的经验。

因此,课程整合应走向经验的改造与重组,以平等的对话、沟通、交流的方式实现经验层面的联结与融合,让学生的经验在自主建构过程中得以改造与重组,在具体的问题情境中得以激活和应用。同时,经验在不断地改造与重组的过程中,实现了意义的增长、拓展与丰富,生成了对于外部世界和事物的新的解读方式。

第二节 走向文化传承与创新的课程整合

教育的一个重要功能是实现文化的传承与创新,要实现这一功能,课程是主要的载体和途径。课程与文化之间存在着密切的关联,一方面,课程的内容源于文化,课程的组织方式在很大程度上是由文化价值所决定的,课程的实施方式也受所处的文化价值观念的深刻影响;另一方面,文化的传承、发展和创新主要是依靠教育来实现的,人是文化的体现者和载体,未来的人是通过教育来培养的,因此,文化的传承就是通过教育对未来的人的培养来实现的。

课程整合作为未来课程发展的重要方向,也为文化的传承和发展提供了

---

① James A. Beane. 课程统整[M]. 单文经,等译. 上海:华东师范大学出版社,2003:28-29.
② 杜威. 我们怎样思维·经验与教育[M]. 姜文闵,译. 北京:人民教育出版社,1991:249.

新的思路和方式。文化是一种整合性的存在,课程整合正是立足于文化的整合、指向于文化的整合才切实实现了教育的文化功能。

一、课程整合的文化向度

文化是指特定群体的生活方式,是一种整体的生活方式,其基本要素是价值、组织制度与行为方式。[1] 其中,价值是文化要素的核心,组织制度是围绕价值所确定的秩序形成的行为关系准则,行为方式是在价值制度制约下进行的社会互动。[2] 学校文化一方面是社会文化系统下的亚文化,[3]另一方面由于学校具有相对独立性,其在价值观念、思想行为等方面有着与其他社会群体不尽相同的文化特征,成为一种独特的文化类型。[4] 学校文化是学校全体成员或部分成员习得且共同具有的思想观念和行为方式,[5]具体而言,学校文化是学校生活中普遍存在的比较稳定的思想意识、思维方式、行为方式和生活态度的总和。[6]

"文化不仅仅是对人的行动的消极限制,它也是人的实践的主动创造。"[7] 课程整合与学校文化之间存在着一定的制约关系,但这并不妨碍课程整合的持续发展。众多课程学者对课程整合的历史研究及课程的文化研究表明,课程即文化,或者说课程和文化是部分和整体的关系,[8]课程是一种进入教育领域的特殊文化。[9] 作为文化的课程有着其自身的内在规律。课程整合既是文化实践的对象,又是文化实践的结果,课程整合本质上是文化的整合与创新。诚如马克思指出的,"实践作为文化创造的动力,一方面通过其结果(物质文明与精神文明的总和)表征着文化的基本内涵;另一方面在其社会实践过程中也

---

[1] 胡定荣.课程改革的文化研究[M].北京:教育科学出版社,2005:113.
[2] 胡定荣.课程改革的文化研究[M].北京:教育科学出版社,2005:114.
[3] 黄书光,王伦信,袁文辉.中国基础教育改革的文化使命[M].北京:教育科学出版社,2001:57.
[4] 郑金洲.教育文化学[M].北京:人民教育出版社,2000:236.
[5] 郑金洲.教育文化学[M].北京:人民教育出版社,2000:240.
[6] 郭元祥.学校文化与学校品位:学校文化建设的几点思考[J].湖北教育,2008(11):6.
[7] 胡定荣.课程改革的文化研究[M].北京:教育科学出版社,2005:114.
[8] 郝德永.课程与文化:一个后现代的检视[M].北京:教育科学出版社,2002:375.
[9] 黄甫全.学习化课程刍论:文化哲学的观点[J].北京大学教育评论,2003(4):91.

确证了主体自身"①。

二、文化与课程的双向建构关系

学校文化是教师和学生在学校和班级的特定场所内,由于拥有独特的社会结构、地理环境、人文景观而形成的学校独有的系列传统习惯、价值规范、思维方式和行为模式的综合。对于课程来说,改革不仅仅意味着内容的更新、完善与平衡,更重要的是,意味着学校将成为"文化共同体"的创造者。② 学校文化的变革是课程与教学最深层次的改革,创建富有个性的学校文化正是课程改革的核心课题。

学校文化的再生是课程改革的直接诉求和终极目标。学校不是官僚机构,不是兵营,不是公司,不是监狱,而是"学习型组织"。学校文化的重建和再生是一个发展新的价值、信念和规范的过程,是一个变"灌输中心教学"为"对话中心教学"、变"专制独裁关系"为"平等合作关系"、变"资源垄断关系"为"资源共享关系"的过程。③

课程是一种文化形式。④ 课程从人类浩如烟海的文化典籍中选择出需要学生掌握的内容,并以某一种特定的形态呈现。一方面,由专门学术领域形成的经典意义上的"学科(discipline)",如哲学、历史、数学、物理学、化学等,进入学校课程中便变成学校课程中的"科目(subject)",⑤即我们习惯称的"学科课程";另一方面,根据社会生活的需要,从学生的发展出发,依据儿童的天性,重视其兴趣和需要的发展,以事实为教材,从活动中学习,形成"活动课程";同时,随着科技的发展,新技术、新领域的不断出现,以及跨学科、跨领域的新问题的产生,致力于综合、整体、全面解决新问题的"综合课程"便也应运而生。

纵观整个课程发展史,"学科课程"和"活动课程"、"分科课程"和"综合课程"并无孰优孰劣之分,也无非此即彼之决然对立的关系,每种形态的出现都

---

① 马克思,恩格斯.马克思恩格斯选集:第一卷[M].北京:人民出版社,1995:67-68.
② 森敏昭.21世纪学习的创造[M].京都:北大路书房,2015:24-27.
③ 欧用生,杨慧文.新世纪的课程改革[M].台北:五南图书出版公司,1998:1-20.
④ 郑金洲.教育文化学[M].北京:人民教育出版社,2000:288.
⑤ 丁邦平,顾明远.学科课程与活动课程:分离还是融合——兼论"学生本位课程"及其特征[J].教育研究,2002(10):32.

是为了弥补另一种形态的不足,实现课程功能的互补。比如,布鲁纳的结构主义课程就是对以"儿童为中心"的活动课程和以"科目为中心"的学科课程的超越,它提出儿童认知结构和学科结构的统一,在学科教学中既保留"探究学习"和"发现学习"等"活动课程"思想的精华,又关注到学科内在的逻辑结构和体系。人本主义课程则又在结构主义课程的基础上,融入学生的人格、情意发展,以纠正结构主义课程仅把重点放在认知发展和智力的训练方面从而造成学生"非人性化"的偏差。

作为文化的形式,各种形态的课程相融共生,相互缠绕、相互交织,课程整合正是在不同课程形态的基础上进行的超越和创新,体现了一种整合的文化形式。

三、课程整合应注重文化的传承与创新

习近平总书记在党的十九大报告中提出,坚持创造性转化、创新性发展,不断铸就中华文化新辉煌。然而,在互联网高速发展、生活节奏越来越快的社会转型期,如何实现中华优秀传统文化的创造性转化和创新性发展,传承和弘扬中华优秀传统文化,是需要积极面对的重要命题。著名学者费孝通先生在1998年曾指出,未来的21世纪将是"一个个分裂的文化集团会联合起来,形成一个文化共同体,一个多元一体的国际社会。我觉得人类的文化现在正处在世界文化统一体形成的前夕"①。

课程,本质上是人类社会的精神活动,是人的文化实践(课程实践的主体性),同时又是文化实践的结果(课程实践的客体性)。课程具有实践的主客体统一性及双主体性的特征。这里面有两层含义。

第一,作为文化实践的一种,课程实践自始至终都处于发展变化之中。恩格斯很早就指出,"当我们深思熟虑地考察自然界或人类历史或我们自己的精神活动的时候,首先呈现我们眼前的,是一幅由种种联系和相互作用无穷无尽交织起来的画面,其中没有任何东西是不动和不变的,而是一切都在运动、变化、生成和消逝"②。

---

① 费孝通.从反思到文化自觉和交流[J].读书,1998(11):8.
② 马克思,恩格斯.马克思恩格斯选集:第三卷[M].北京:人民出版社,1995:359.

第二,发展和变化、分化与整合是人类精神活动的根本属性,是文化的生命所在。人类实践的不断分化与整合的过程,也表现为文化、社会的不断分化与整合的过程,作为文化分化与整合结果的课程实践也必然经历着不断的分化与整合,体现出课程的文化实践性和主体性特征。

首先,课程的分化与整合与人类文化实践的分化与整合在历史进程上是同步的。课程实践活动的基本过程是分化与整合的统一,是历史地解构与建构的统一。到了当代社会,课程凸显出高度分化又高度综合的态势。课程的分化与整合、解构与建构是课程实践的质变或保持、巩固质的同一性的过程。从横向共时性来说,不同民族、不同文化传统的课程文化实践内涵的不同,会导致课程分化与整合的差异。从纵向历时性看,随着人类社会思维方式、实践方式、文化存在方式的演进,课程分化与整合的内涵也日新月异。

其次,课程的整合和分化是课程文化实践的自运行规律。在古代社会,人类的知识还处在混沌初开的状况,所积累的有限知识在本性上就是综合性的。但是随着专门化教育的出现,特别是知识总量的激增和人类认知能力的局限性的矛盾日益突出,笼统的、直观的课程形态已经不能满足人们认识世界的需求。人类每一方面的生活,都成为某一门课程的学习内容。按照学科逻辑体系编排的分科课程开始占据主流地位,并在特定的社会背景下发挥了巨大的功能。但随后,分科课程又因为忽略甚至分裂世界的统一性和普遍联系性而受到质疑和批判。随着人类活动领域的不断拓宽和人类行为方式的日趋多样化,要求更高层次的课程整合的呼声越来越高,于是综合课程成为课程发展的主要议题。

最后,作为课程分化结果的学科课程,也在不断强调学科内部知识的重组与改造,它在维系学科课程的逻辑体系与学术性的同时,更力图打破知识壁垒,强化新旧知识的融通,协调"经典性知识"与"即时性知识"的冲突。① 这种协调、融通目前主要有两种表现形式:一是在课程内容上,融入学科内综合的思想;二是在课程设计上,以模块、主题或专题形式编排,体现对学科知识的解构与重构。

---

① 代建军,谢利民.综合课程的再认识:关系、形态、目的和结构[J].课程·教材·教法,2000(10):34.

归纳以上三点,我们可以看出,课程整合分为三类:一类是客体论意义上的,作为人类文化实践结果的课程,课程整合是文化实践运动、变化过程中的一种序化,是文化的一种存在方式,是文化实践的结果;一类是主体论意义上的,是指作为实践主体的课程在观念、思维逻辑乃至叙述逻辑上的序化,是课程抱持特定的逻辑观念,对人类文化进行加工选择、建构序化的过程;一类是实践论意义上的课程实践整合,是指课程实践的整合性和整合功能是人类课程行为有序互动的功能机制和这一功能机制发挥的过程。

总之,文化的分化和整合是课程整合的基本前提和条件,课程整合是文化整合与创新的过程和结果。在此运行机制下的课程分化和课程整合一直是课程的两大主轴,与之相对应的则是分科课程和综合课程两种课程形态。虽然人们为了叙述方便,总是习惯性地想去寻找一条课程整合的清晰线索,但它和课程分化相互缠绕、交织却要令这种愿望落空。课程的分化和整合是人类课程文化实践的众多要素的良性循环,它不仅包含着课程自我调控、自我校正的特征,而且包含着课程乃至教育永无止境的自我完善、不断序化的趋向。

第三节 关于人生的发展和人生目标实现的课程整合

一、课程整合的生命向度

课程创新的根本出发点是要求每一位学生都能发展,而不是教师简单的知识灌输。基础教育课程没有必要也不可能让学生掌握未来工作所需要的全部知识,重要的是让他们学会学习,发展智慧。新课程要求在所有学科领域的教学中渗透"研究性学习方式",同时设置"综合实践活动课程",为"研究性学习方式"的充分开展提供独立的学习机会。研究性学习是一种自主、合作、探究的学习方式。它的引入使教学不再是教师面对知识独白的过程,而是师生共同参与知识创生的过程。教师不再仅仅是"教教材",而是与学生一起探索"学生所正在经历到的一切"。

"学校不是知识的配给所。学校的首要课题是学生的发展。学生的知识不是赐予的,而是学生自己掌握的。……促进发展的教学不是教授现成真理的教学,而是探究真理的教学。"①"学校的公共使命在于,培养每一个儿童成为自立的、活动的、合作的学习者,在学校内外构筑文化共同体,这种文化共同体是以知识这一公共纽带结成的。"②所谓"学科"是指为实现学校教育的目的,从科学、技术、艺术的人类文化遗产中选择儿童应当学习的内容,再从教学论的角度加以区分,并系统地组织起来的课程的主要构成要素。③

学习是学生的生命本性,这意味着学生学习带有自主性、创造性,学生参与确定对自己有意义的学习目标,自己制定学习进度,参与设计评价指标。学生积极发展各种思考策略和学习策略,在解决问题中学习;在学习过程中有情感的投入,有内在的动力的支持,从学习中获得积极的情感体验;对认知活动进行自我监控,并做出相应的调整、有效的沟通和参与;能综合运用知识,把学科的学习和社会及自身的经验联系起来。④ 课程整合要达到有助于学生的全面发展的学习、主动的及可持续发展的学习,使学生学会思考人与自然、人与社会、人与自我及人与文化的关系,分析、甄别各种价值观念,从容面对生活世界中的各种复杂的问题,发展负责任的生活态度。⑤

教育不是单纯的习得知识的过程,教育的本质是人格的成长,教育是人格陶冶的过程。因此,课程的实施过程也就是促进学生人格成长的过程,"成长"借助经验的重建,进一步丰富教育的意义,从而为以后的经验提供指引。

不过,尽管学科与科学有所不同,但在学科教学中,学习者的认识形成过程却类似于科学的形成阶段,有一个从体验到理论的过程。

所谓"体验","无非就是意义关联"⑥,通过五官(视、听、嗅、味、触)认识自然与社会。在教育上,通过观察、调查、参观、栽培、饲养及其他劳动活动,把握事实与法则。

---

① 钟启泉.现代课程论[M].2版.上海:上海教育出版社,2003:535.
② 佐藤学.学习的快乐:走向对话[M].钟启泉,译.北京:教育科学出版社,2004:103.
③ 奥田真丈,河野重男.现代学校教育大事典:第2卷[M].东京:行政出版公司,1993:316.
④ 郭元祥.学习方式变革:可能的与有效的[J].河北教育,2008(5):35.
⑤ 富兰.变革的力量:透视教育改革[M].中央教育科学研究所,加拿大多伦多国际学院,译.北京:教育科学出版社,2004:58.
⑥ 新田义弘.现象学与解释学[M].东京:筑摩书房,2006:17.

经验,即经过梳理的体验。学习者学会思考,潜心使用观察、测量、分类等方法,或直面客体、操作客体,或动手制作物品,或栽培和饲养,或作用于其他事物,领悟事物与人际的关系。

实验,即有意识地设定目的、条件,反复分析综合,以揭示事物的真理。

逻辑,即梳理归纳、表达事物的方法,借助归纳与演绎,揭示事物的关系,形成思考的框架。

理论是确立客观的自然法则的最终阶段,整合种种法则,形成囊括性的法则体系。

这样看来,教师必须关注学生的直接体验与间接体验(书本知识)的均衡,实现学科教学从"知识传递型"向"问题解决型"转变。

二、"整体的人"与课程的双向建构关系

人类个体的存在是一个整体性的存在,这包括两层含义:人的完整性与生活的完整性。从本质上说,人是一个身体、情感和精神和谐发展的有机整体。人的完整性根植于生活的完整性。生活无非就是人与世界的交往。因此,人生活在世界中,人生活的世界是人的世界,人与世界的其他构成——自然、社会亦是彼此交融的有机整体。

这种"整体性的存在"就是"整体的人(whole person)"的发展。"整体的人"首先意味着智力与人格的协调发展。雅思贝尔斯在《什么是教育》中曾经忠告人们:"教育是人的灵魂的教育,而非理智知识和认识的堆集。"[1]当前的学校课程以分科课程为主体,本质上就是"理智知识的堆积"。

这种学校课程都是以"学科课程"为中心分化成各门学科的。这种学科课程在内容与方法上以各自专业领域的科学为背景,以专业分化为特征,并不考虑彼此之间的关联性。因此,学科课程的原点是"分成众多的科目,各自独立授受"的分化课程。这种课程的弊端是"经验片段化"与"知识割裂化"。况且,要把无限发展的人类知识的所有领域均纳入学校的课程原本就是不可能的。于是,课程整合便是势所必然了。所谓整合,是分割与分化的反面,是使

---

① 雅斯贝尔斯.什么是教育[M].邹进,译.北京:生活·读书·新知三联书店,1991:4.

事物处于一体化的完整状态。

"整体的人"的发展还意味着个体、自然和社会的和谐发展。杜威说:"只有当相继出现的经验彼此结合在一起的时候,才能存在充分完整的人格。只有建立起各种事物联结在一起的世界,才能形成完整的人格。"①

当自然、社会和自我彼此交融,归属于学生整体的课程生活时,课程的意义得以澄明:"学校课程的宗旨不在于促使我们成为学术科目的专家……学校课程的宗旨在于促使我们关切自己与他人,帮助我们在公共领域成为致力于建设民主社会的公民,在私人领域成为对他人负责的个体,运用智力、敏感和勇气思考与行动。"②

三、课程整合应注重生命的开展与实现

在我国新一轮课程改革中,新课程体现出向生活世界回归的取向,《基础教育课程改革纲要(试行)》对课程改革的具体目标做出了规定:"改变课程内容'繁、难、偏、旧'和过于注重书本知识的现状,加强课程内容与学生生活以及现代社会科技发展的联系,关注学生的学习兴趣和经验,精选终身学习必备的基础知识和技能。"③

传统课程体系信奉客观主义的知识观,视知识为普遍的、外在于人的、供人掌握的真理。由于以主客分离为基础,课程当之无愧地成为知识的载体,成为一堆事实理论和方法的汇总。它外在于生命个体,外在于学生丰富的现实生活,以其所代表的知识的绝对性乃至神圣性成为个体生命顶礼膜拜的对象。认识过程就是把热情的个人的、人性的成分从知识中清除。在教育领域,这意味着个人见解在给定的课程知识面前是没有意义的,它只能被搁置,甚至被否认、被杜绝。正如罗素所言:"就整个社会所搜集的知识总量来说,社会的知识包括百科全书的全部内容和学术团体汇报的全部文献,但是关于构成个人生活的特殊色调和纹理的那些温暖而亲切的事物,它却一无所知。"④对知识客观

---

① 杜威.我们怎样思维·经验与教育[M].姜文闵,译.北京:人民教育出版社,1991:268.
② W. F. Pinar, W. M. Reynolds, P. Slattery, et al. Understanding Curriculum[M]. New York: Peter Lang Publishing, 1995:848.
③ 教育部.基础教育课程改革纲要(试行)[Z].教基[2001]17号.
④ 罗素.人类的知识[M].张金言,译.北京:商务印书馆,1983:9.

第五章 课程整合的发展趋势

化和科学化的追求,必然是以牺牲个人知识因素为代价的。

诚如赫尔巴特学派的学者墨格牟尔(F. M. McMurry)所言,致力于发展活动方案或问题,以此作为课程和教育方法的起点,这样的做法是植根于儿童本身,而不是奠基在知识的分支中。杜威在《学校与社会》《儿童与课程》《教育中的兴趣及努力》《民主主义与教育》等著作中认为,在组织教育课程时,应同时考虑儿童经验和社会议题。而杜威在其主持的芝加哥实验学校所提出的报告,也同样受到重视,其课程的组织是以"人类活动"各种领域为核心,也就是一般人所称的"职业"。为了了解杜威的立场,我们引用《学校与社会》中的一段话:"所有的学习都应来自一个大的共同世界中的关系。当儿童的生活与共同世界建立起不同、具体而主动的关系时,其学习自然趋于统整。也因此学习的连结,将不再是问题。教师也就无需利用各种方式,从事将算术融入历史课中之类的工作。让学校与生活联系,则所有的学习必然是相互关联的。"[1]

课程整合应着眼于师生之间的、真实生活世界中的社会活动,着眼于作为教育发生场所的生活世界,学生的体验和经验构成了学校教育的重要内容;生活世界也是教育意义得以建构的场所,教育只有向生活世界回归,才能体现教育意义的真谛。当前的课程设置,对理论知识的顶礼、科学世界的独尊和学生生活的冷漠,迫使学生沉浸在各种符号的逻辑演算和知识的被动接受之中;课程不能关照学生的生活世界,缺乏相应的生活意义和生命价值,于是课程世界里学生的"失我化"使"人"被隐藏起来。正如美国课程论专家威廉姆·派纳等所言:"课程尽管包括这些文字的与制度的意义,但绝对不限于此。……课程应成为一代人努力界定自我与世界的场所。"[2]

因此,课程整合应观照生命的开展与实现,应以学生的生命成长作为最终的目的和归宿,坚持以学生为本,坚持生命至上,以整合的视野来统整学校内部方方面面的力量,统整与学校相关的各种社会力量,共同形成课程整合的合力,促进学生的生命成长,实现教师的生命增值,最终实现教育的生命价值与意义。

---

① James A. Beane. 课程统整[M]. 单文经,等译. 上海:华东师范大学出版社,2003:28.
② W. F. Pinar, W. M. Reynolds, P. Slattery, et al. Understanding Curriculum[M]. New York:Peter Lang Publishing, 1995:847-848.

课程整合的研究与实践：以模块课程开发为载体

第四节 我国课程整合的顶层设计与实践路径

一、我国课程整合的顶层设计

教育部出台的驱动第八次课程改革的总体课程设计方案《基础教育课程改革纲要（试行）》以全新的话语系统规划了21世纪我国基础教育课程改革的蓝图，反映了当今时代课程理论和课程改革实践的进步趋势，揭示了新课程的宗旨在于促进每一个学生健全成长。值得一提的是，这次课程改革关注课程的整体设计，期望确立两种课程——学科课程与综合实践活动课程。二者的共同点在于指向共同的课程目标，诸如改造学习方式，发展学生个性。不同点在于，知识与经验的组织方式的差异——学科课程是以学科内容为核心来组织知识与经验的；综合实践活动课程是以现实的主题为核心来组织知识与经验的。这种课程改革的导向就是通过综合实践活动课程，提倡课程整合的理念，尝试在现有学科课程的基础上，从学生的经验、知识间的联系出发，帮助学生主动理解和建构自己的知识结构，主动探索和发现知识的应用价值。

基础教育改革的核心环节在于课程改革，而课程改革的核心环节在于课堂教学的改革。我国的课堂教学面临着从"灌输中心教学"转型为"对话中心教学"的严峻课题。这是关系到实现素质教育改革的大方向的问题，容不得半点含糊，更容不得蓄意狡辩。我们的教育改革不能老是离开核心环节"敲边鼓"，或者"雷声大，雨点小"。教学是怎样一种实践呢？"教学原本就是形形色色的对话，拥有对话的性格。"[1]"所谓学习的实践，是建构教育内容之意义的同客体对话的实践，是析出自身和反思自身的自我内的对话性实践。同时，是社会地建构这两种实践的同他人对话的实践。"[2]

因此，课堂教学的过程也可以理解为学生与知识之间对话和交往的过程，

---

[1] 钟启泉，崔允漷，张华.为了中华民族的复兴，为了每位学生的发展：《基础教育课程改革纲要（试行）》解读[M].上海：华东师范大学出版社，2001：210.

[2] 佐藤学.学习的快乐：走向对话[M].钟启泉，译.北京：教育科学出版社，2004：39.

第五章 课程整合的发展趋势

即在具体的教学中,学生同学科主题所包含的观念、论点、问题展开对话和交往。这里所谓的"交往"包含"提示"和"接触"之意。"交往"表示学生与教材之间的能动的关联作用。这种关联表现为获得理解,归结为能动的认知过程所具备的实践与技能的获得。通过这种对话和交往,学生可以发展自身的洞察力,形成认知过程中交互作用的知识、技能、洞察的结果,或是从事与这些成果相协调的行为,然后,在多种论点和思考的交互碰撞之中,发展自己对于所有观点,特别是不同于自己的观点的共鸣性理解,如此就能够倾听某种问题的一切侧面,从而获得知识和真理。

二、我国课程整合的实践路径

(一)倡导对话式教学,培育"教学觉醒"

我国的课堂教学模式几十年如一贯,从"满堂灌"到"满堂问",课堂教学的本质并没有改变。这是因为,我们缺乏"教学觉醒",而把教学归结为单纯的技术操作过程,导致了刻板划一的教学的出现。"教学觉醒"意味着教学主体的回归,新课程背景下的课堂教学本身就是一种对话的过程,就是引导学生与客观世界对话、与他人对话、与自我对话,并且通过这种对话,形成一种活动性、合作性、反思性的学习,也就是形成认知性实践、社会性实践、伦理性实践的"三位一体"的过程。①

教学中的对话作为一种教育现象,"是以教师指导为其特征的。也就是说,教师制定对话的目标与计划,为引导学生发展智力与德性提供一定的方向"②。

《基础教育课程改革纲要(试行)》明确指出:"教师在教学过程中应与学生积极互动、共同发展,要处理好传授知识与培养能力的关系,注重培养学生的独立性和自主性,引导学生质疑、调查、探究,在实践中学习,促进学生在教师的指导下主动地、富有个性地学习。教师应尊重学生的人格,关注个体差异,满足不同学生的学习需要,创设能引导学生主动参与的教育环境,激发学

---

① 佐藤学.学习的快乐:走向对话[M].钟启泉,译.北京:教育科学出版社,2004:38-43.
② 佐藤正夫.教学原理[M].钟启泉,译.北京:教育科学出版社,2001:311.

生的学习积极性,培养学生掌握和运用知识的态度和能力,使每个学生都能得到充分的发展。"①

教师在教学过程中需要培育课程意识和"教学觉醒"。课程意识是指教师在考虑教育教学问题时对于课程意义的敏感性和自觉性程度。新课程赋予教师参与课程开发、课程管理的权力,教师必须培养和增强课程意识,转变传统的课程观念,从被动的课程解释者转变为主动的课程开发者;从教科书的忠实执行者转变为与专家、学生、家长和社会人士等共同建构新课程的合作者;从传统的"教书匠"转变为反思的实践者和研究者;从知识的权威者转变为学习的组织者和引导者。教师在拥有课程意识的同时,也要培育"教学觉醒",即在课程意识的支配下自觉唤醒教学活动主体,对教学、自身和学生重新进行审视,使从主体失落走向自身觉醒,使自身从"课程代理人"回归自主,使学生从课堂的边缘进入教学的中心。

(二) 尊重教学规律,倡导原理指导下的课程实施

在传统心理学中,人类的心智活动和学习活动仅仅是从个体的认知变化的产物和能力的角度来解读的,但社会建构主义要求修正这种心理学所采取的侧重个体的解读原理,尝试从社会文化变量的语脉中来把握人类的心智活动,其源流就是科尔(M. Cole)的"文化实践(cultural practice)论"。② 在科尔看来,人类的心智活动是在具体的情境中解决特定课题时进行的实践活动,这种实践活动的目标、内容、系列是作为文化成员应当获得的课题加以组织的,因此,不是随心所欲的。我们生活中的实践,归根结底是一种"文化实践",它是共享文化价值、成为文化成员的过程。

课程整合需要尊重教学规律,遵循一般的教学原理。1993 年,美国心理学会出版了《学校重建与改革的指南》,它基于 100 多个研究成果,归纳出了十二条教学原理③:

原理一,学习过程的性质。学习,是寻求有意义目标的自然过程。它是活

---

① 教育部. 基础教育课程改革纲要(试行)[Z]. 教基[2001]17 号.
② 佐藤公治. 在对话中学习与成长[M]. 东京:金子书房,1999:71.
③ Howard D. Mehlinger. 信息化时代的学校改革[M]. 中村哲,译. 东京:风间书房,2000:104 - 112.

动式的、意图性的、内隐性的思考。而且,学习是学习者凭借独特的认知、思维、情感,发现和建构来自信息与经验的意义的过程。

原理二,学习过程的目的。要求学习者不管可供利用的素材的量与质,创造出有意义的、逻辑一贯的知识表达。

原理三,知识的建构。学习者借助个性化的方法把新的信息及相关的知识关联起来。

原理四,更复杂的思维。刺激思考的思考,刺激探讨心智功能的更高度的方略,发展创造性、批判性思维和专业性。

原理五,学习的动机性影响。信息处理的深度与广度及学习的程度,受五个要素的影响:①自我控制、素质能力的认识与信念;②关于自己的价值、兴趣、目的的明确性与特征;③对于成功与失败的自我期待;④情感性、情绪性、一般心理状态;⑤学习的有效动机。创造学生愿意学习的学习环境,是教师的工作。

原理六,学习的本质性动机。每个人都是持有好奇心、愉快学习的存在。强烈的消极性认知和情感(诸如焦虑感、失败的恐惧、自卑心理、体罚、嘲笑、坏名声等的恐惧)会妨碍这种热衷性。

原理七,提高学习动机的性质。好奇心、创造性、更复杂的思维,对于每个学生来说是具有难度的,是珍奇性的,通过适当的本质性的学习,学生可以受到激励。

原理八,发展的挫折与机会。每个人都是经历了由独特的遗传性、环境性要素起作用的生理的、智能的、情感的、社会的发展阶段而成长起来的。教师一般都了解,教学计划应当同学生的发展阶段合拍,但这不是简单的工作,重要的是,尊重和理解学生的差异。

原理九,社会文化差异。学生可以借助灵活多样的(年龄、文化、家庭的背景等)、在适当的教学情境中同他者的社会交互作用与沟通,受到激励。

原理十,在社会认可和拥有自尊心的语境下学习。当学生处于被肯定、被认可的文化环境中时,学生的自尊心得到了尊重,学习效果会更好。

原理十一,学习的个别差异。有效教学的基本要求是,一切的学习者(同民族、种族、性别、体力、宗教、社会经济上的身份无关)都能够适应。然而,学习者在学习方式与方略上拥有不同的能力与爱好,这些差异同环境与遗传相关。

原理十二,认知风格。早期学习和解释所形成的个人信念、思维、理解,成为个体建构现实或理解生活经验的基础。

(三) 转变学习方式,倡导"整体的人"的课程整合理念

新课程秉持的是一种"整体教育(holistic education)"观,这在课程目标上的具体体现就是使学生发展成为一个"整体的人"。"整体的人"的发展包括两层含义:人的存在的完整性和人的生成的完整性。从本质上来讲,首先,人的存在是个体、自然、社会彼此交融、整体和谐共处的有机整体。其次,人是完成着的人,个体生成的终极价值是学会做人,人的发展是智力与人格和谐发展的过程。

从"人的存在(human being)"的角度来看,教学的目的在于引领学生寻求个体、自然、社会的和谐发展,引导学生学会生存。个体生活在自然中,生活在社会中,与自然和社会构成一个有机整体。个体作为一个整体的存在方式,必然要求学校课程和教学能为其提供整体的时空和内容。"整体的人"的形成和个体存在的完整性,既不是各门学科知识杂烩的结果,亦不是条分缕析的理性思维的还原。传统的课程教学思想和举措忽略乃至割裂了儿童存在的整体性。

以新课程的理念为基点,教学要关注"人的存在"本身对于自然世界、社会生活、人本身的意义,正视和尊重人性、人的需要、人的生命、人的多样性的存在方式等,这既是教学活动的起点,也是教育目标得以实现的前提。

从"整体的人"的发展的角度来看,教学的目的在于引领学生追求智力与人格的协调发展,引导学生学会做人。因此,学生的学习方式需要转变。转变学生的学习方式是当代课程改革的焦点。传统的学习方式把学习建立在人的客体性、受动性和依赖性的基础之上,忽略了人的主动性、能动性和独立性。结果是,学生虽有很强的认知能力,却不能深刻领悟知识中所蕴藏的生命意义和生活价值,更不能在真实情境中灵活运用知识。教学从根本上失去了对人的生命存在及其发展的整体关怀,沦为阻抑人的生命活力的"人工窒息机",从而使学生成为被"肢解"的人。转变学生的学习方式就是要转变这种单一的、他主的、被动的学习方式,提倡和发展多样化的学习方式,特别是提倡自主、合作与探究的学习方式,让学生成为学习的主人,使学生的主体意识、能动性和创造性不断得到发展,培养学生的创新意识和实践能力。新课程倡导所有学科领域的教学要渗透"自主、合作、探究的学习方式",同时设置"综合实践活动"为必修课程,这为学生学习的个性化指明了方向,也为学生进入教学中心搭建了平台。

后现代主义教育学把儿童置于"自我变革"的主体,有助于学生基于差异的"多元智慧"和"批判意识"的形成。转变学生的学习方式,不亚于一场教育革命,"这场教育革命要求根本性的结构性的变化。仅此而言,它决非是一场一蹴而就的革命。因为教育实践是一种文化,而文化变革越是缓慢,才越能得到确实的成果"①。

---

① 佐藤学.静悄悄的革命[M].李季湄,译.长春:长春出版社,2003:8.

第六章 学校学科内课程整合举要

学科内课程整合，指在特定学科范围内，对不同领域知识和内容进行联结和融通的课程整合模式。这种模式的重点是打通学科内知识、概念、原理、规则之间的联系，有助于学生形成关于特定学科的、科学的知识结构和系统化的学科知识。在同一学科内，教师亦可以根据不同主题，形成主题式单元整合，即围绕特定主题，将相关知识进行梳理汇总，形成某种类似"统觉团"的知识结构。这既便于教师厘清知识体系，把握教学设计要点，也便于学生明晰知识联系，形成合理的、融通的知识结构。

近几年，我校在多个学科中进行了课程整合的探索。对于初中语文学科，我们对部编语文教材进行了学科内课程整合尝试，提炼出了散文、诗歌、说明文、小说、议论文等不同文体的单元整合设计，以及写作训练、综合性活动、口语交际等综合性整合设计。对于小学数学学科，我们着重研究了小学数学模块化课程开发的实践与设计。对于体育学科，我们根据不同的体育项目，如手球、篮球、排球、足球，形成了相应的模块化教学指导纲要。对于艺术学科，我们以模块化课程的形式，形成了声乐、器乐、绘画、藏书票等不同类型的课程纲要，进一步丰富了学科内课程整合的形式和类型。下面笔者将以初中语文和美术学科为例，介绍我校的研究与实践成果。

第一节　初中语文模块课程

我校语文主题式单元整合的大体思路为:第一步,先将散布在不同年段的同一体裁的课文集中起来,按照散文、小说、说明文、议论文和写作五个大的模块进行分项整合;第二步,列出每一板块该体裁课文不同年段部编本语文教材、教学参考书的单元学习要求和每篇课文的教学要求,从宏观角度研究该体裁文章,了解教学参考书编者的意图;第三步,根据我校学生的实际情况,按照主题和局部调整不"伤筋动骨"的原则进行分类整合;第四步,思考、借鉴教学参考书中给出的单元学习目标,编撰整合的专题学习目标,然后根据学习目标进行分解,设置本专题课文的精读篇目和略读篇目,并有侧重点地设置每篇文章的学习重点,整体安排采取螺旋上升的方式。限于篇幅,这里仅以散文模块和写作训练模块为例。

一、散文模块

"形散意不散",将不同题材的散文进行模块化整合

(一)写景散文模块

整合题材:写景散文。

所属学科:初中语文。

适用年段:七上、八上、八下。

整合篇名及学习目标:见表6-1、表6-2、表6-3。

1. 七上

七上所选的写景散文为:朱自清的《春》、老舍的《济南的冬天》、刘湛秋的《雨的四季》。

整合依据及理由:分析这一单元的学习要求和每篇课文的学习重点,可见这个单元学习的重要方法是朗读;学习的目标是深入学习两种修辞——比喻和拟人,初步学习联想和想象。

表6-1 写景散文七上单元整合篇名及学习目标

年段	单元学习目标
七上	(1)掌握朗读的要领,重点学习重音和停连,通过朗读加深对诗文内容的理解。 (2)揣摩课文语言,提高鉴赏能力,学习文学语言的表达手法。 (3)感受课文中丰富多彩的景物之美,提升对大自然、对人生的热爱。
课文名称	课文学习目标
《春》	(1)朗读课文,把握重音和停连。 (2)通过联想和想象,体会课文优美的意境。 (3)品味优美语句,揣摩关键语句,积累语言。 (4)深入学习比喻修辞手法。
《济南的冬天》	(1)继续练习朗读,掌握重音和停连的要领。 (2)学习课文抓住景物特点进行描写的方法,尝试体会景物描写中融入的作者的感情。 (3)品味课文精美语言。 (4)学习比喻和拟人的修辞手法。
《雨的四季》	(1)整体把握课文内容,感知各种"雨"的形象,获得美的享受。 (2)巩固前两课学习朗读的成果,体会作者热爱大自然的美好情感。 (3)学习作者在细致观察的基础上展开联想和想象的风格,借鉴并运用于自己的写作中。

2. 八上

八上所选的写景散文皆为古文,分别是:郦道元的《三峡》、陶弘景的《答谢中书书》、苏轼的《记承天寺夜游》和吴均的《与朱元思书》。

整合依据及理由:分析这一单元的学习要求和每篇课文的学习重点,可见这个单元学习的重要方法是联想和想象;学习的目标是学会抓住作者笔下景物的突出特征,掌握常见的写景手法。

表6-2 写景散文八上单元整合篇名及学习目标

年段	单元学习目标
八上	(1)在反复诵读、整体感知的基础上,借助联想和想象,仔细品味诗文,体会作者的情怀。 (2)提高借助注释和工具书自主阅读古诗文的能力,积累常见文言实词和虚词。 (3)从古人歌咏山水的优美语言中获得美的享受,净化心灵,陶冶情操,激发对祖国山川的热爱,培养高尚的审美情趣。

续表

课文名称	课文学习目标
《三峡》	(1) 朗读课文,体会文章节奏鲜明、音韵和谐的特点。 (2) 借助联想和想象,进入课文情境,感受长江三峡雄伟的形势和奇丽的景色。 (3) 领会课文运用精炼生动的语言描绘景物特征的写法特点。 (4) 养成积累常用文言实词、虚词的习惯。
短文两篇 《答谢中书书》 《记承天寺夜游》	(1) 借助诵读,欣赏两篇短文不同的语言风格。 (2) 把握文中景物的不同特点,领略不同的写景手法。 (3) 理解和把握作者的情感,感受作者热爱自然山水的情感、乐观豁达的人生态度,培养高尚的审美情趣。
《与朱元思书》	(1) 根据阅读提示和注释自读课文,整体把握文意。 (2) 抓住"奇山异水,天下独绝"的描述,把握作者笔下景物的突出特征。 (3) 学习作者描绘景物的手法,包括观察景物的角度(俯视、仰视、远视、近察)、感官的调动(听觉、视觉)、描绘景物的方法(比喻、夸张、对偶、拟人、动静结合、光影变化)等。 (4) 体会作者寄情山水的高雅审美情趣。

3. 八下

八下所选的写景散文皆为游记,分别是:柳宗元的《小石潭记》和四篇现代文游记《壶口瀑布》《在长江源头各拉丹冬》《登勃朗峰》《一滴水经过丽江》。与七年级和八上的写景散文相比,学生学习的侧重点又有了变化。

整合依据及理由:分析这一单元的学习要求和每篇课文的学习重点,可见这个单元学习的重要方法是品味和欣赏。学习的目标是了解游记的特点,把握游记的基本要素,熟悉游记的写法与多样的风格;感知文章所写的景物的特点,体会作者寄寓在景物中的情感,理解作者对人世的感悟与思考;感受课文独特的写景角度和品味文章多样的语言风格。

表6-3 写景散文八下单元整合篇名及学习目标

年段	单元学习目标
八下	(1) 了解游记的特点,把握游记的基本要素,熟悉游记的写法与多样的风格。 (2) 感知文章所写的景物的特点,体会作者寄寓在景物中的情感,理解作者对人世的感悟与思考。 (3) 品味课文的语言,欣赏、积累精妙的语句,领会游记多样化的语言风格。

续表

课文名称	课文学习目标
《壶口瀑布》	(1)领会文中所写的黄河的伟大性格,激发对中华民族母亲河的热爱。 (2)感受课文独特的写景角度,把握所写景物的特点,理解作者的所思所感。 (3)结合课文的学习,了解游记的文体要素,以及各要素的特点和要素之间的关系,仔细品味本文独具特色的语言,体会课文的风格特点。
《在长江源头各拉丹冬》	(1)欣赏作者笔下的各种景物,感受其雄伟、圣洁、瑰奇的特点。 (2)把握课文的写景顺序和角度,理解作者对自然的感悟与思考。 (3)体会本文把对景物的描写与身体状况、内心体验、邈远思绪融为一体的写法,仔细品味本文看似随意实则精巧的语言,体会这种语言的妙处。
《登勃朗峰》	(1)了解文中所写的景物、人物的特点,领会作者的生活态度。 (2)把握作者综合采用散文笔法和小说笔法的写作技巧,体会两种写法的表达效果。 (3)欣赏课文的语言,品味马克·吐温式的幽默。
《一滴水经过丽江》	(1)了解丽江的自然风景与人文风情,感受其美丽、淳朴、厚重、和谐。 (2)把握课文新颖的构思、独特的视角,理解这种写法的妙处,体会作者的感情。 (3)品味作品的语言,学习作者运用表达方式的技巧。

比较从七上到八下的写景散文,我们会发现,对于教师的教学、学生的学习而言,编者要求是非常明确的,总体涵盖了学习写景散文的基本要求,从七上的品味语言、学习修辞到八上的学习抓住景物特点、学习写景手法,再到八下的学习独特的写景视角和品味不同的写景散文的语言风格,整体呈螺旋上升的体系。

因此,在实际教学中,教师需要做到两点:一是在教学每个单元的时候,无须面面俱到,这样既符合这个年龄段学生的特点和接收能力,又可以极大地节约课时,提高教学效率;二是在学习后面的写景单元的时候,需要带领学生不断夯实前面所学的内容,如教师在教学八上的写景散文时,同时需要带领学生复习七上所学的知识,包括对于比喻、拟人修辞表达效果的体味及对精美语言的品味,然后在此基础上教会学生抓住景物特点和学习多样的写景手法。同样,教师在教学八下的写景散文时,需要带领学生回顾并夯实对于比喻、拟人修辞表达效果的体味及对精美语言的品味。学生除了学习抓住景物特点进行描写和多样的写景手法之外,还要尝试达到学习独特的写景视角和品味不同的写景散文的语言风格这样更高的要求。回顾以前学习的知识这一环节,教师可以采用两种方式节约课堂时间,提高课堂效率:一种方法是采用课前导学案,用导学案让学生自我复习、回顾,课堂上教师只需点拨、回顾即可;另一种方法是每个学期在学生做阅读练习的时候,教师有意识地选择本学期所学的散文的学习重点进行训练,下个学期学生再做阅读训练的时候,除了练习本学期所学散文的重点外,教师还要增加以前所学的重点题型,不断夯实学生的学习所得,以达到熟练和训练全面的效果。

(二)叙事散文模块

整合题材:叙事散文。

所属学科:初中语文。

适用年段:七上、七下、八上、八下。

整合篇名及学习重点:见表6-4、表6-5、表6-6、表6-7。

1. 七上

整合思路:根据散文主题,可以合并为三个专题单元,分别是"挚爱亲情""家庭生活""学习生活"。

表6-4 叙事散文七上单元整合篇名及学习重点

单元名称	包含散文篇名	课文分析	学习重点
挚爱亲情	《秋天的怀念》《背影》	《秋天的怀念》写母亲,《背影》写父亲,这两篇叙事散文都是写父母亲的经典美文。 《秋天的怀念》在"我"瘫痪的背景下写母亲的琐事,在一个个细节中刻画了一位伟大的母亲的形象。 《背影》在外祖母去世、父亲失业的背景下写父亲去浦口车站送"我"的往事,采用"截取法",透过一个个细节刻画父亲买橘子的背影,表现了"错位的爱"这种家庭亲情中永恒的困境。	(1)这两篇文章的学习适合采用朗读的方法。 (2)这两篇文章可以合并为一个专题:挚爱亲情,由此可以延伸的写作训练为写亲人。 (3)学会在事件中通过"截取法"和细节描写塑造人物形象。

续表

单元名称	包含散文篇名	课文分析	学习重点
家庭生活	《散步》《走一步，再走一步》	这两篇文章也是写家庭生活的。相比较前两篇文章着重写人而言，这两篇则重心在叙事。它们拓宽了写作的视野，原来家庭生活不仅仅可以写父母、子女之间的挚爱亲情，也可以写家庭生活给我们的感悟，比如，《散步》通过写一家人散步的小事，表现了一家人之间互相体谅、互相爱护的情感，表现了一个中年人对责任的思考；《走一步，再走一步》通过写"我"与小伙伴一起爬山、不敢下山，父亲引导"我"一步步爬下山的故事，表现了"我"对生活的感悟。	(1)与前两篇文章一样，《散步》的学习的方法依然可以是朗读，学习重点是文章的句式和语言特点。 (2)《走一步，再走一步》的学习方法则是默读，学习重点是在默读中勾画标志时间变化和空间转换的字句，梳理基本的故事情节。 (3)品味课文中的心理描写，把握文章以人物心理变化来设置线索的写法。学会透过关键语句理解课文主旨。由此可以延伸的写作训练为写家庭生活给我们的感悟，并学会用卒章显志的方法来表达自己对生活的感悟。
学习生活	《再塑生命的人》《从百草园到三味书屋》	这两篇文章写的都是给自己人生启迪的老师。两篇文章的学习方法是默读，学会抓住标题、开头、结尾和关键语句，迅速了解文章大意。	(1)《再塑生命的人》通过具体的语言、神态、动作的描写，展现沙利文老师的形象，体会到她强烈的爱心和高超的教育艺术，从而也能感受海伦对老师的深情。品味、揣摩关键语句，体会作为盲聋哑人的作者对生活的独特感悟。 (2)《从百草园到三味书屋》一文精读"百草园"段落，品味准确、传神的语言描写，学习抓住特点描写景物的方法；精读"三味书屋"部分，理解"先生"这个人物形象，借助人物形象，学习通过外貌、语言、动作描写人物的写法。 (3)由此可以延伸的写作训练为写学校生活，重点是写学校里给我们留下深刻印象的老师，注意通过具体的事件，在具体的语言、神态、动作(或者"截取法")描写中塑造人物形象。
写作训练要求		(1)七上的学生平时写作训练的重点是学会描写，尤其是细节描写。 (2)注重写人的训练，重点是家人、老师和同学，注意通过具体的事件，在具体的语言、神态、动作(或者"截取法")描写中塑造人物形象。 (3)学习在叙事写人中加入景物描写渲染气氛，烘托人物心理。 (4)注重审题训练和考场上的转化指导。	

2. 七下

整合思路:根据散文主题,可以合并为两个专题单元,分别是"群星璀璨""凡人琐事"。

表6-5 叙事散文七下单元整合篇名及学习重点

单元名称	包含散文篇名	学习重点
群星璀璨	《邓稼先》	(1)在精读时找到那些能牵动全篇的关键语句或段落,字斟句酌,揣摩、品析其含义。 (2)阅读时结合人物生平及其所处时代,把握人物的性格特征,理解人物的崇高品格。 (3)把握课文在语言表达方面的特色,体会其表达效果(本文分段较多,有时一两句就是一段,显得简洁精炼、铿锵有力;长句与短句交替使用)。
	《说和做——记闻一多先生言行片段》	(1)关注文中的细节描写,理解细节描写的作用。 (2)勾画精彩语句,揣摩、体味其含义和表达效果。
	《孙权劝学》	(1)分析人物对话,把握人物的性格特点。
	《叶圣陶先生二三事》	(1)采用泛读,即浏览的方法,领会文章主要内容,读后能复述故事主要情节。 (2)理解课文的主旨,体会作者在文中流露出的思想感情。 (3)学习本文通过若干件小事写出人物特点的写作手法。
	《伟大的悲剧》	(1)采用泛读,即浏览的方法,抓住主要信息概括内容、要点,厘清故事情节。 (2)有选择地阅读一些重要段落,体会作者的情感,在把握作者思想情感的基础上,理解"伟大的悲剧"的含义。
凡人琐事		这个单元整体的学习目标是学会从标题、详略安排、角度选择等方面把握文章重点,提高整体把握文章的结构层次的能力。加强文本细读,关注细节描写及前后内容的内在联系,揣摩人物心理,把握人物形象特点,体会平凡人身上闪光的品格。
	《阿长与〈山海经〉》	(1)学习通过多件事塑造人物形象的写法(承接前面的《叶圣陶先生二三事》)。 (2)学习细腻的个性化的人物描写:外貌、语言、动作;学习欲扬先抑的写法。 (3)学习按照人物的情感变化来设置文章线索的写法。 (4)理解回忆性散文中,作者将写作时的回忆与童年的感受彼此交错转换的特点(鲁迅是以儿时的心态回忆阿长的,又是以写作时的眼光去观照自己的童年和阿长的,但是后一层意味是含蓄的,要透过文字去理解儿时的感受,这也使文章富有童趣;成年的视角则使文章充满了温情和深沉的怀念,并揭示出阿长对"我"成长的重要意义)。

续表

单元名称	包含散文篇名	学习重点
凡人琐事	《老王》	(1)通过文本细读,体会作者一家与老王之间的珍贵情谊,理解老王身上闪耀的人性之美(这个教学重点包括人物形象赏析,作者按特定顺序线索将细节串联起来的写法,品味作者描写老王的语句,等等。总体而言是要引导学生理解老王身上闪耀的人性之美)。 (2)结合时代背景,解读老王临终前赠送香油和鸡蛋的丰富内涵,探究作者对老王心怀愧怍的深刻原因,体会作者在平和语调中流露出的叹惋和感伤。
	《卖油翁》	(1)抓住描写人物的重点词语、句式,感受人物对话的语气,分析人物特点,体会小故事中蕴含的大道理、大智慧。 (2)学习对比的手法。
	《植树的牧羊人》	(1)精读中间叙述部分,学习运用正面描写和侧面描写相结合的手法塑造人物形象,感受人物精神和人格魅力。
	《驿路梨花》	(1)重点把握文章的记叙顺序,分析并理解文章构思的特点及表达效果。 [注: • 教师指导学生以"我"和老于的行踪为序,厘清故事情节的发展脉络,分析小说围绕"小茅屋的主人到底是谁"发生的两次误会、三个悬念;理解涉疑、释疑引出新悬念的巧妙构思及作用效果;细读课文分析,理解"梨花"在文中的不同含义及作用;理解用"驿路梨花"作标题的妙处。 • 《驿路梨花》这篇文章的加入有两个作用:一是拓展了学生的写作思路,丰富了对平凡小人物的认知,告诉学生平凡小人物可以写一个人,也可以写一个群体;二是小说的介入丰富了学生的表现手法,如记叙的顺序、设置悬念的作用等。其实,学生如果能够多借鉴一些小说的创作技巧,尤其是微型小说的创作技巧,对学生写作记叙文是大有裨益的。 • 由此可以延伸的写作训练为写凡人琐事,写我们身边的普通人,重点是注意通过具体的事件,在具体的语言、神态、动作(或者"截取法")描写中塑造人物形象;注意学会巧妙设置文章的线索,使文章结构层次更加清晰;学习采用多种手法塑造人物形象,如欲扬先抑、正面描写和侧面描写相结合、对比手法的运用等。]

续表

写作训练要求	(1)七下学生的平时写作训练重点依然是学会描写,尤其是细节描写。 (2)注重写人的训练,重点是身边的小人物,注意通过具体的事件,在具体的语言、神态、动作(或者"截取法")描写中塑造人物形象;注意学会巧妙设置文章的线索,使文章结构层次更加清晰;学习采用多种手法塑造人物形象,如欲扬先抑、正面描写和侧面描写相结合、对比手法的运用等。 (3)学习在叙事写人中加入景物描写以渲染气氛,烘托人物心理。 (4)注重审题训练和考场上的转化指导。

3. 八上

整合思路:根据散文主题,可以合并为一个专题单元,即指路明灯。单元包含的三篇散文精读篇目为《藤野先生》《列夫·托尔斯泰》《美丽的颜色》,《回忆我的母亲》为略读篇目。

与前几个年段的叙事散文的学习相比,八上的这几篇叙事散文中包含的选取典型事例、通过语言和动作等方法刻画人物,以及丰富的塑造人物的手法这几个方面,学生在以前的叙事写人类散文中都已经学习过了,所以本单元可以作为回顾夯实的内容,采用课前学习任务单的方式让学生自主完成复习回顾的任务。本单元的学习重点是:品味不同文章风格多变的语言,提高学生的鉴赏能力。这一点也是本单元更高阶的学习要求,应作为重点引导学生学习。学生还要学会品味外貌描写对塑造人物精神世界的作用,以及体味回忆性散文和人物传记的特点。

表6-6 叙事散文八上单元整合篇名及学习重点

单元目标	(1)了解回忆性散文、传记呈现的各种各样的人生经历,从文中人物的生平事迹中汲取精神营养,丰富自己的生活体验。 (2)抓住回忆性散文和传记内容真实、事件典型、注重细节等的特点,掌握阅读方法;学习课文刻画人物的方法,尝试在自己的写作中借鉴运用(这在以前的叙事写人类散文中都已经学习过了,可以作为回顾夯实的内容,采用课前学习任务单的方式,让学生自主完成复习回顾的任务)。 (3)品味风格多变的语言,提高鉴赏能力(这一点亦是本单元更高阶的学习要求,作为重点,教师引导学生学习)。

续表

单元名称	包含散文篇名	学习重点
指路明灯	《藤野先生》	(1)厘清作者与藤野先生交往的典型事例;抓住关于藤野先生外貌、神态、动作、语言等的描写,感受他高尚的品格,体会作者对他真挚的怀念之情。 (2)学习欲扬先抑和衬托、对比塑造人物形象的写法。 (3)了解"我"在日本求学的经历,把握"我"的思想感情,结合时代背景,理解"我"思想感情的变化,体会作者强烈的爱国之情和民族自尊心;揣摩文章独特的语言风格。
	《列夫·托尔斯泰》	(1)把握主人翁独特的外貌特征,进而探索其精神世界,理解作者的评价(作者采用欲扬先抑的手法,先逐层渲染整体长相的"丑陋",转而凸显眼睛的不凡,抓住最具代表性、最独特之处,用精辟、形象的语言展开描述,并进行精当的评价,把人物的精神气质鲜明地凸显出来)。 (2)揣摩精彩的语句,品味修辞手法的表达效果,感受课文典雅优美、酣畅淋漓的语言风格。
	《美丽的颜色》	(1)了解文中记述的居里夫人提炼镭的过程,感受科学家在艰苦条件下表现出的坚韧、忘我、淡泊的人格魅力。 (2)把握本文作为传记的主要特点,感受本文的语言风格,品味语言中的情味。

4. 八下

整合思路:根据散文主题,可以合并为一个专题单元"民俗风情"。

八下的《社戏》《回延安》《安塞腰鼓》《灯笼》都属于叙写民俗的文章,教师再选择课本外的一篇叙写民俗的经典之作《春酒》,以民俗为主题进行单元整合。《社戏》、《春酒》(课本外补充材料)、《安塞腰鼓》、《回延安》这四篇散文为精读篇目。《灯笼》对于学生理解难度比较大,为略读篇目,让学生有体会和感悟即可,无须深入挖掘。五篇文章都以民俗为主题,但写作手法又各有不同:《社戏》以一种风俗贯穿多件事,表达深邃的意蕴;《春酒》虽然没有被选入教材,但作为民俗类的经典之作,和《社戏》一样,同样以一种风俗贯穿多件事来表达深邃意蕴,所以应该纳入本单元的学习,以夯实和加深学生对《社戏》的理解;《安塞腰鼓》也写民俗,但侧重于场面描写,尤其是大量排比的修辞和句式,使文章的语言富有气势,表达出作者酣畅淋漓的情感,值得学生学习。

民俗类文章是考场上极受出卷老师青睐的写作素材。所以本单元的学习,可以让学生了解民俗类文章的常见写作内容、表达情感及常用的写作手

第六章 学校学科内课程整合举要

法,对学生尝试此类文章的写作大有裨益。

表6-7 叙事散文八下单元整合篇名及学习重点

单元目标	(1)感知课文内容,理解其中民俗的价值和意义。 (2)分析课文的写作方法,体会多种表达方式的综合运用。 (3)品味课文中富于表现力的语言,培养语感,积累语言材料。	
单元名称	包含散文篇名	学习重点
民俗风情	《社戏》	(1)感知江南水乡村民的生存状态,理解当地淳朴、和睦、善良的民风民俗。 (2)理解课文的儿童叙述视角,体会作者对早年乡村生活的留恋之情。 (3)理解文中多种表达方式的综合运用,领悟鲁迅作品的语言简洁而富有表现力的特点。
	《回延安》	(1)感知这首诗的内容,体会诗人对"母亲"延安的感情。 (2)朗读这首诗,把握其形式特点和语言风格,理解诗作采用的陕北民歌写作方法,分析诗中的比兴手法,分析诗作的语言形式特点。 (3)理解诗中的地域文化特点和民俗内涵。
	《安塞腰鼓》	(1)总结安塞腰鼓的特点,理解其中所蕴含的民俗文化的意义和价值。 (2)体会本文所表达的热烈豪放的情感,感受一群茂腾腾的后生所代表的西北高原人民的蓬勃生命力(作者不仅表现安塞腰鼓的特点和西北高原的地理风貌,更表现西北高原人民的精神面貌,写物是次要的,写人是主要的)。 (3)体会文中多种表达方式,感悟综合运用多种修辞手法的效果。 (4)强化朗读训练,读出叙事散文的诗意。
	《灯笼》	(1)体会作者对往昔生活和家国天下所寄寓的复杂感情(本文的情感非常丰富,有对早年生活、对家乡亲人的怀念,有对国家社会的担当精神。作者表达得曲折而有层次,大半篇幅抒写怀念之情,最后由对过去的怀念转为对现实的感受,这是典型的卒章显志的散文笔法。教师要引导学生逐层深入体会,从字里行间把握文中的情感线索和情感变化的层次)。 (2)认知文中灯笼的民俗意义、文化价值(本文通过灯笼这一小小物品,表现旧时代所特有的农村风俗,散发出浓厚的乡土气息,既展现了真切而鲜活的民俗现象,又蕴含了深刻的文化意义。教学时,教师要提示课文以小见大的写法)。 (3)分析文中多种表达方式的综合运用。 (4)品味文中富于表现力的语言,训练语感,积累词语。

从七上到八下的叙事散文的整合整体按照的顺序是:由家庭到学校,到自己身边没有亲缘关系的普通人。读书的方法从朗读到默读,从精读到略读。学习的要求从对人物外貌、语言、动作、心理等细腻的描写到精选典型事例塑造人物形象,再到学习多种手法塑造人物形象,此外,还有学习设置线索搭好文章的框架,布置好文章的结构。无论在阅读方法上还是在写作上,学生都获益匪浅。除了这样的整合外,教师在教学中一定要注意阅读方法的指导,逐步教会学生独立阅读。在写作上,这些专题的学习也逐步拓展了学生的写作题材:不仅仅局限在写至亲,也可以写师友甚至陌生人,很好地拓展了学生的写作视野。

(三) 咏物抒怀散文模块

整合题材:咏物抒怀散文。

所属学科:初中语文。

适用年段:七下、八上。

整合思路:根据散文主题,可以合并为一个专题单元"物犹如此"。其中《紫藤萝瀑布》《白杨礼赞》作为经典的托物言志的散文,应该精读。

整合篇名及学习重点:见表6-8。

表6-8 咏物抒怀散文单元整合篇名及学习重点

单元目标	(1)借助具体文字感受语言之美,了解托物言志的写作手法。 (2)运用比较的阅读方法感受作品的异同,加深对课文的理解。 (3)感受课文中蕴含的丰富人生哲理,进而引发对自然、社会、人生的关注和思考。	
单元名称	包含散文篇名	学习重点
物犹如此	《紫藤萝瀑布》	(1)勾画表现作者情感思绪的语句,梳理作者的情感变化,思考情感发生变化的原因。 (2)朗读课文,找出描写紫藤花的段落,从描写内容、描写角度、描写顺序上,整体把握,品味具体词句,深入理解词句的内蕴和表达效果,学习作者是如何描摹紫藤萝之美的。 (3)体会托物言志的写法,理解作者寄托在紫藤萝上的"志",作者借用紫藤萝来暗示自己的情思。

续表

单元名称	包含散文篇名	学习重点
物犹如此	《白杨礼赞》	(1)朗读课文,利用语言标志(反复出现的词句)厘清文章的总体脉络。 (2)理解烘托、对比、欲扬先抑等写作技巧的表达效果,在写作中学会运用。 (3)学习象征手法的使用,进一步把握托物言志散文的基本特点。
	《一棵小桃树》	(1)自读课文并圈点勾画出表示过渡的语句,梳理文章的行文思路,概述小桃树的生长过程。 (2)通过对具体语句的评析,体会作者是如何描写小桃树的,感受作者对小桃树的情感。 (3)比较小桃树的成长和"我"的人生经历,领会小桃树的深刻内涵,进一步学习托物言志的手法;用比较的阅读方法,寻找小桃树和"我"的成长过程中的共性,理解作者的人生思考。
	《陋室铭》《爱莲说》	(1)理解作者用托物言志的写作方法表达的高洁志趣(《陋室铭》通过对陋室的描绘和歌颂,表达了作者甘于淡泊、不为物役的高尚情操;《爱莲说》通过对莲花的描写与赞美,歌颂它出淤泥而不染的高尚品质,表现了作者不慕名利、洁身自好的生活态度。两篇文章的旨意均非直白显豁道出,而是用托物言志的方法表达出来,意境隽永,韵味深长)。 (2)积累文言词句,包括常见实词、虚词的积累,提高文言阅读能力。

二、写作训练模块

多积累、勤练习,注重学期训练重点的写作整合规划

本训练模块的设计思路一方面来自教材的安排和整合后的课文的特点,另一方面来自多年任教初中的教师总结的初中生在写作上需要着力训练的点。

整合题材:写作训练。

所属学科:初中语文。

适用年段:七上至九下。

训练重点及要求:见表6-9。

表 6-9　写作训练重点和写作主题与要求

年段	写作训练重点	写作主题与要求
七上	七上的平时写作训练重点是学会描写，尤其是细节描写。 (1)注重写人的训练，重点是家人、老师和同学，注意通过具体的事件，在具体的语言、神态、动作(或者"截取法")描写中塑造人物形象。 (2)学会具体地叙事。 (3)尝试把动物纳入我们的写作素材中，尝试以"动物视角"叙事。 (4)掌握不同的记叙顺序(顺叙、倒叙)。 (5)注重审题训练和考场上作文题目的转化。	第一次作文训练： 《你的生活是大地》，主旨情感为热爱生活，热爱写作。 开始养成写迷你日记观察生活、积累写作素材的习惯。
		第二次作文训练： 学会记事；学会具体地叙事。
		第三次作文训练： 学会在事件中通过"截取法"和细节描写塑造自己的家人。
		第四次作文训练： 写家庭生活给我们的感悟，并学会用卒章显志的方法表达自己对生活的感悟。
		第五次作文训练： 写学校生活，重点是写学校给我们留下深刻印象的老师，注意通过具体的事件，在具体的语言、神态、动作(或者"截取法")描写中塑造人物形象。
		第六次作文训练： 七上的《猫》《狼》合并为"动物启示"专题，适当引入经典的动物视角叙事的文章。以人为视角写动物带给我们的思考，一篇为第一人称叙事，一篇为第三人称叙事。教师可以再引入第一人称动物视角叙事，从动物的视角写我们对生活的思考。
七下	七下的平时写作训练重点依然是学会描写，尤其是细节描写。 (1)注重写人的训练，重点是身边的小人物，注意通过具体的事件，在具体的语言、神态、动作(或者"截取法")描写中塑造人物形象。学习采用多种手法塑造人物形象，如欲扬先抑、正面描写和侧面描写相结合、对比手法的运用(叙事散文单元——凡人琐事)。	第一次作文训练：凡人琐事 训练写人，重点是身边的小人物，注意通过具体的事件，在具体的语言、神态、动作(或者"截取法")描写中塑造人物形象。学习采用多种手法塑造人物形象，如欲扬先抑、正面描写和侧面描写相结合、对比手法的运用。

续表

年段	写作训练重点	写作主题与要求
七下	(2)注意学会巧妙设置文章的线索,使文章结构层次更加清晰。 (3)学习文章的开头的技巧。 (4)注重审题训练和考场上的转化指导。 (5)掌握记叙方法:插叙。 (6)把握记叙文叙事一波三折的特点。 (7)依然用写迷你日记的方式观察生活、积累写作素材。	第二次作文训练: 　　学会抒情。 第三次作文训练: 　　注意学会巧妙设置文章的线索,使文章结构层次更加清晰。 第四次作文训练: 　　怎样选材。 第五次作文训练: 　　学习文章开头的技巧。 第六次作文训练: 　　学写咏物抒怀类散文。 第七次作文训练: 　　掌握记叙的方法:插叙。 第八次作文训练: 　　掌握记叙文叙事的一波三折的特点。
八上	八上的平时写作训练重点是积累自己独到的写作素材,并学会从中提炼感悟。 (1)学写新闻。 (2)注重写人的训练,结合七下的《台阶》这篇文章,可以再选取几篇课外的经典美文,合并为一个专题"亲人的另一面",采用群文阅读的方式,拓宽学生的写作思路:写亲人,不仅可以写亲人对我们的爱,也可以把亲人作为一个独立的个体,写他的喜怒哀乐、他的梦想。 (3)学习在叙事写人中加入景物描写,渲染气氛,烘托人物心理。 (4)学习文章结尾的技巧。 (5)尝试写简单的说明文。 (6)尝试写生活中常见的应用文。 (7)注重审题训练和考场上的转化指导。 (8)记叙文叙事的展开。	第一次作文训练: 　　学写新闻。 第二次作文训练: 　　亲人的另一面。 第三次作文训练: 　　学习在叙事写人中加入景物描写,渲染气氛,烘托人物心理。 第四次作文训练: 　　记叙文叙事的展开。 第五次作文训练: 　　学习文章结尾的技巧。 第六次作文训练: 　　尝试写简单的说明文(抓住说明对象的特征、说明方法和说明的语言)。 第七次作文训练: 　　尝试写生活中常见的应用文。

续表

年段	写作训练重点	写作主题与要求
八下	(1)学习仿写。 (2)学写简单的说明文(说明顺序)。 (3)学写读后感。 (4)学写演讲稿。 (5)学写游记。 (6)注重审题训练和考场上的转化指导。	第一次作文训练： 　民俗类作文写作。 　以《社戏》为主,加入课外阅读材料《春酒》等,形成主题式群文阅读"缅怀童年"专题,然后读写结合,完成民俗类作文写作。 第二次作文训练： 　学习仿写。 第三次作文训练： 　学写简单的说明文。 第四次作文训练： 　学写读后感。 第五次作文训练： 　学写演讲稿。 第六次作文训练： 　学写游记。
九上	继续积累自己独到的写作素材,并学会从中提炼感悟。 (1)学写简单的议论文(观点要明确,要言之有据,论证要合理)。 (2)学习缩写。 (3)学会扩写。 (4)学会改写。 (5)物象的加入增加文章的意蕴。 (6)舌尖上的人生——美食素材的加入。	第一次作文训练： 　舌尖上的人生——美食素材的加入。 第二次作文训练： 　物象的加入增加文章的意蕴。 第三次作文训练： 　学写简单的议论文(观点要明确,要言之有据,论证要合理)。 第四次作文训练： 　学习缩写。 第五次作文训练： 　学会扩写。 第六次作文训练： 　学会改写。

第六章　学校学科内课程整合举要

续表

九下	九年级下学期学生的学习重心已经不在积累素材了,而是真刀真枪地进行实战演练。教师要让学生尽量当堂完成,或当时审题,限定时间内完成,同时针对每一次学生作文中反映出的普遍问题进行解决,如"立意的升格"等。教师要带领学生就自己已经积累的有价值的写作素材进行梳理,做到心中熟悉,然后利用课堂上的时间,带着学生一起进行审题训练、转化已有素材的训练,并利用当堂作文的机会,不断提升学生对素材的转换与脱化或新作文的迅速构思成文的能力。九下的实战演练非常重要,教师要做足功课,带着学生见识各地形式多样的作文题,做好审题指导和素材转化的指导,让学生适应考场四十分钟,提升迅速构思成文的能力。最后,教师还可以教学生创新作文形式,如书信体、日记体等。

以上安排只是大体思路,任课教师也可以根据自己所任教班级学生的特点进行调整和补充,因为作文的教学没有精确的序列,不同的地区、不同的学校、不同的班级的学生在写作特点、写作水平上都可能存在一定的差异。所以在写作教学中,教师只能在无序中寻找有序,所谓"有序"就是这个年龄段的学生在写作中常见的问题,所谓"无序"就是不同班级学生问题不一,所以教师可以灵活地进行作文指导和教学去解决本班级学生存在的共性问题,而无须拘泥于本序列。

第二节　美术模块课程

我校深入挖掘园林艺术元素,构建苏州园林特色模块课程。在模块课程的研究与设计中,"中国画"和"藏书票"教学被列为美术学科模块课程开发的主题。经过专业教师一次次的实践探索,模块课程设计逐渐站稳脚跟,学生的艺术素养明显提高,传统文化底蕴逐渐加深,教师的课程意识与专业能力也都得到了升华,进一步彰显了学校的艺术特色。以下是美术学科的两个模块课程纲要。

一、"中国画创作——苏州传统园林雅韵"课程纲要

本课程纲要见表6-10。

表6-10 "中国画创作——苏州传统园林雅韵"课程纲要

课程名称	中国画创作——苏州传统园林雅韵				
适用年级	一、二、三、四、五年级	课时	20	人数	每班40人左右
课程简介	苏州古典园林以其古、秀、精、雅、多而享有"江南园林甲天下,苏州园林甲江南"之誉。苏州的造园家运用独特的造园手法,在有限的空间里叠山理水、栽植花木、配置园林建筑,并用大量的匾额、楹联、书画、雕刻、碑石、家具陈设和各式摆件等来反映古代的哲理观念、文化意识和审美情趣,从而形成充满诗情画意的文人写意山水园林,使人"不出城廓而获山水之怡,身居闹市而得林泉之趣",达到"虽由人作,宛若天开"的艺术境地。 本次模块课程的设计由多个教师进行不同层面和不同形式的合作,促进教学过程的优化和效果的提升。教师围绕"苏州传统园林雅韵"进行教学合作共同体的建设,更好地促进专业发展,改进教育教学实践;也更全面地了解学生的差异性,达到在教学中因材施教的目的;更有利于校本教研和校园合作文化的建设。 学生通过了解苏州园林建筑的造园布局和人文理念,不仅丰富了有关园林建筑的知识,还能够从审美特征的文化传承角度,赏析和理解苏州园林建筑的特色符号,从园林符号中体验诗情画意的艺术品质。				
背景分析	(1)必要性: "中国画创作——苏州传统园林雅韵"系列课程主要是学校为了提升学生的文化意识和审美情趣而进行的国家课程校本化实施的探索,重在培养学生们的人文艺术性素养,拓展学生的园林视野,让学生从园林中发现美,又能将美运用在园林中,从而形成新的审美创造能力,提升自己的美术核心素养。通过自主探究、小组合作、实地考察等形式,引导学生探究园林元素、园林表现和园林文化,提高学生在图像识读、美术表现、审美判断、创意实践、文化理解五个方面的美术核心素养。 课程贯穿一至五年级,不同年龄段对于园林文化有不同的认知。苏州园林是他们身边的文化瑰宝,也是他们课外能够身临其境的地方。苏州园林不仅仅是人的居所,更是历史文化、艺术的综合呈现。感受苏州园林建筑环境所蕴含的独特人文气息和精神风貌,树立对苏州园林这一历史文化遗产和苏州香山帮匠人建造的古典建筑这一非物质文化遗产的保护和传承意识,能够让学生热爱家乡和中国的传统文化,并通过自己的行动,让中国传统文化在世界的舞台上散发出夺目的光彩。 (2)可能性: ① 学校成立课程开发小组,加强对课题研究的组织与管理,并提供必要的服务,确保课题研究顺利、有效地实施。 ② 挑选敬业、严谨、具有扎实科研功底的老师作为课题组成员,带动全体老师参与相关课程研究。 ③ 创立微信平台,推送学生的相关作品,发布课程相关活动;举行"画家进校园"一系列活动,包括讲座和亲子展等多种形式,让学生与大师近距离接触,加深自己对传统文化的了解和自身素质的提高。 ④ 建立和完善各项学习和交流制度,推动研究持续、深入开展。学校将系列课程作为学校教科研重点项目加以推进,划拨专项经费,为课程研究的顺利开展提供充足的物质、经费保障。				

第六章　学校学科内课程整合举要

续表

课程名称	中国画创作——苏州传统园林雅韵			
学习目标	(1)加强对园林图像识读与园林特色元素的理解。 (2)探访画中园林，分析其时代背景和文化背景，理解作品风格、形式形成的时代与文化基础。 (3)通过临摹、写生、创作等形式提高自身的美术表现能力。 (4)拓展园林视野，从园林中发现美，又能将美运用在园林绘画创作中，从而发展审美创造能力。			
学习主题/活动安排	单元主题	课时	内容或活动	实施建议
	一年级：花木比德——苏州园林植物之美	4	(1)分析园林盆景的植物造型与姿态。 (2)分层练习园林特色植物的笔墨表现技法。 (3)根据所学知识，创意设计植物姿态与画面构图。	教师通过实物展示让学生更加近距离观察园林盆景，利用PPT展示多幅园林特色植物图片，从而锻炼学生的观察能力。
	二年级：古朴天然——苏州特色人物之美	4	(1)苏州特色服饰搭配与组合欣赏。 (2)局部练习人物姿态与表情。 (3)对人物的疏密、高低、动态等差异组合进行分析。	教师展示实物服饰（旗袍、民国服饰），锻炼学生的欣赏与观察能力，让学生在抓住苏州特色服装与配饰特点的基础上加以设计。
	三年级：象外之境——苏州园林室内家具之美	4	(1)观察园林实景，根据小组图片实纪，分析园林室内的家具造型与特点。 (2)尝试简单的没骨技法。 (3)练习室内家具与室内装饰的合理构图。	教师让学生在课余时间结成小组，去园林实地参观，并拍照记录。之后，教师安排学生在课堂上展示园林内部家具实物照片，并向全班同学做一个小型的汇报。
	四年级：气韵生动——苏州园林建筑——亭之美	4	(1)观察园林实景，根据小组图片实纪，分析苏州园林建筑中亭子的特点。 (2)分组练习绘画苏州园林建筑中亭子的局部。 (3)尝试采用不同的表现手法，表现苏州园林建筑亭子的不同结构。	教师让学生在课余时间组成小组，去园林实地参观，并拍照记录。之后，教师安排学生在课堂上展示园林亭子实景照片，向全班同学分别做局部讲解，教师点评。

续表

课程名称	中国画创作——苏州传统园林雅韵		
学习主题/活动安排	五年级：诗情画意——苏州园林文人画	4	(1)根据传统人文文化,分析苏州园林室外景致与人物的合理构图。 (2)练习以苏州园林的室外环境与人物大小的比例关系为主的构图。 (3)分析自己的作品中人物与苏州园林室外景致的呼应(服饰、动态)。	教师展示多幅园林主题文人画,带领学生从人物个体的、与园林风景相结合的角度赏析名作。
学习评价	评价结果呈现： 　　学生的学期成绩以等第制方式呈现,以各模块活动的表现性评价为主。 (1)花木比德——苏州园林植物之美。 　　评价标准:学生能够赏析园林盆景的植物造型与姿态,可以用笔墨表现园林特色植物,综合所学知识创意设计植物姿态与画面构图(根据作品情况,分设优秀、良好、及格、不及格四个等第)。 　　优秀:感悟苏州园林文化植物之美,能临摹并创作以园林植物为主题的国画作品并精彩赏析,作品入选校园艺术节。 　　良好:感悟苏州园林文化植物之美,能临摹并创作以园林植物为主题的国画作品。 　　及格:了解苏州园林文化植物之美,能临摹以园林植物为主题的国画作品。 　　不及格:不能了解苏州园林文化植物之美,作品表现效果较差。 (2)古朴天然——苏州特色人物之美。 　　评价标准:学生能够针对苏州特色服饰搭配与组合进行赏析,可以运用国画笔墨表现人物姿态与表情,对构图中人物的疏密、高低、动态有较好的分配与表现(根据作品情况,分设优秀、良好、及格、不及格四个等第)。 　　优秀:感悟苏州特色服饰之美,能临摹并创作与园林和苏州特色服饰人物相结合的作品,作品中人物与园林文化结合自然、和谐。 　　良好:感悟苏州特色服饰之美,能临摹并创作与园林和苏州特色服饰人物相结合的作品,作品构图合理。 　　及格:了解苏州特色服饰之美,能临摹与园林和苏州特色服饰人物相结合的作品,作品效果平平,有待提高。 　　不及格:不能了解苏州特色服饰之美,作品表现效果较差。 (3)象外之境——苏州园林室内家具之美。 　　评价标准:学生能够通过观察园林实景,分析园林室内的家具造型与特点;能够运用国画中的没骨技法表现园林室内家具,作品中室内家具与室内装饰相辅相成,能够凸显苏式园林意境(根据作品情况,分设优秀、良好、及格、不及格四个等第)。 　　优秀:感悟苏式室内家具之美,能临摹并创作以苏州园林室内家具为主题的作品,作品中苏式家具与园林文化相结合,作品表现力强,构图新颖、有意境。		

续表

课程名称	中国画创作——苏州传统园林雅韵
学习评价	良好:感悟苏式室内家具之美,能临摹并创作以苏州园林室内家具为主题的作品,作品中苏式家具与园林文化结合较好。 　　及格:了解苏式室内家具之美,能临摹以苏州园林室内家具为主题的作品,作品效果平平,有待提高。 　　不及格:不能了解苏式室内家具之美,作品表现效果较差。 (4)气韵生动——苏州园林建筑——亭之美。 　　评价标准:学生能够通过观察园林实景,分析苏州园林建筑中亭子的特点;对苏州园林建筑中亭子的局部可以做到运用笔墨进行细节描绘;能够创造出表现以苏州园林建筑——亭子为主题的国画作品,作品中的建筑能表现园林的意境(根据作品情况,分设优秀、良好、及格、不及格四个等第)。 　　优秀:感悟苏州园林亭之美,能临摹并创作以苏州园林建筑——亭子为主题的作品,作品中有对亭子的细节描绘,作品表现力强,构图新颖、有意境。 　　良好:感悟苏州园林亭之美,能临摹并创作以苏州园林建筑——亭子为主题的作品,作品中有对亭子的细节描绘。 　　及格:了解苏州园林亭之美,能临摹以苏州园林建筑——亭子为主题的作品,作品效果平平,有待提高。 　　不及格:不能了解苏州园林亭之美,作品表现效果较差。 (5)诗情画意——苏州园林文人画。 　　评价标准:学生根据传统人文文化,能够运用自己的语言分析苏州园林室外景致与人物相结合的文人画;能够创作苏州园林结合人物的国画作品,作品比例关系正确,作品中的人物与苏州园林室外景致呼应(服饰、动态),有文人画的意境(根据作品情况,分设优秀、良好、及格、不及格四个等第)。 　　优秀:赏析以苏州园林为主要题材的文人画,能临摹并创作此类作品,作品中人物与环境的比例关系正确且呼应,有文人画的意境。 　　良好:赏析以苏州园林为主要题材的文人画,能临摹并创作此类作品,作品中人物与环境的比例关系恰当。 　　及格:了解以苏州园林为主要题材的文人画,能临摹此类作品,作品效果平平,有待提高。 　　不及格:不能了解以苏州园林为主要题材的文人画,作品表现效果较差。
备注	(1)课程涉及的校园艺术节和微信平台由老师和学生共同完成。 (2)国画创作涉及一些专用工具及作品肌理的制作。

二、"藏书票制作——苏州园林建筑意蕴之美"课程纲要

本课程纲要见表6-11。

表6-11 "藏书票制作——苏州园林建筑意蕴之美"课程纲要

课程名称	藏书票制作——苏州园林建筑意蕴之美			
适用年级	六、七、八年级	总课时	30 人数	每班40人
课程简介	苏州园林,作为苏州地方文化代表,也是世界文化遗产,享誉中外。本课程依托国家课程苏少版八年级美术第五课综合探究领域单元之《园林探幽》教材内容,整合苏州地方美术课程资源和藏书票制作技艺,形成苏州园林藏书票模块课程,是美术学科国家课程校本化实施的探索。 "藏书票制作——苏州园林建筑意蕴之美"课程源自苏少版第十七册《苏州园林》和第十八册《以刀代笔》内容。通过探寻和挖掘苏州园林建筑的审美特点和文化传承角度,运用藏书票制作的方式来创造性地表现和演绎园林境象。众所周知,苏州园林是驰名中外的世界文化遗产,其独有的水乡特色建筑格局为世界建筑经典,而这一切归功于苏州2 500年的文化历史底蕴和香山帮匠人化腐朽为神奇的建筑工艺,得以形成"苏派建筑"。其中,我们所熟悉的园林符号——假山、亭廊、池水、花木、花窗、门窗、铺地、雕塑、木雕等经香山帮匠人之手被打造成"虽由人作,宛若天开"的苏州园林。讲究的造园布局、充满人文意蕴的园林符号等成为本次课程探究的宝贵资源。 学生通过藏书票这一艺术表现形式来展现苏州园林。藏书票是一种微型版画,被人们誉为"版画珍珠""纸上宝石""书上蝴蝶"。它通常贴在书的封面或扉页上,以艺术形式标明"藏书是谁的",同时也有美化和装饰书籍的目的。学生通过制作苏州园林主题的藏书票,不仅可以对园林建筑文化进行认知和再现,而且也能够了解各类版画的基本制作过程,丰富艺术体验,感受制作乐趣。			
背景分析	(1)必要性: 六、七、八年级的学生对具有苏州本土地域特色的苏州园林具有粗浅的认知,但还不够具体、深入。另外,藏书票这一传统艺术表现形式,虽有着500多年的历史积淀,被古今中外文人所推崇,但在当今纷繁复杂的艺术环境之下,青少年对它的认知却越来越少。特别是随着电子时代的发展,越来越多的民众以电子阅读取代了纸本阅读。珍藏一本好书,夹上一枚代表拥有权的书票似乎成了"过去式",它的保护、传承和发扬迫在眉睫。 (2)可能性: 从研究对象来讲,苏州园林作为苏州地区具有代表性的世界文化遗产,离学生生活并不遥远,这为深入探究学习提供了诸多地域上的便利性。从艺术表现手法来讲,我校在文化建设中已建有两湖书院,藏书票和书院文化建设的结合也是相得益彰。 我校是园区版画特色联盟学校,有较好的区域教学交流平台,同时还有苏州大学艺术学院张天星教授和苏州美术家协会副主席顾志军老师的技术支持。学校有专门的版画教室和版画机等仪器设备,为课程的进行提供了必备的硬件资源。 围绕本课程,学校建立了微信公共平台,学生在平台上可以进行交流;教师可以通过平台定期发起作品,学生们自主选择作品进行学习;定期自主投票,选择喜欢的作品。校园一角也成为学生们的展示区,让更多的学生感受到园林藏书票作品带来的魅力。			

续表

课程名称	藏书票制作——苏州园林建筑意蕴之美			
学习目标	（1）了解苏州园林建筑的造园布局和人文理念，丰富园林建筑知识。 （2）能够从审美特征的文化传承角度赏析和理解苏州园林建筑的特色符号，从园林符号中体验诗情画意的艺术品质。 （3）认识藏书票的规格和标志，了解并掌握用吹塑板、橡皮章、胶板、木板、综合材料制作藏书票的流程、要点和方法，感受园林藏书票的制作乐趣。 （4）感受苏州园林建筑环境所蕴含的独特人文气息和精神风貌；树立对苏州园林这一历史文化遗产和苏州香山帮匠人建造的古典建筑这一非物质文化遗产的保护和传承意识。			
学习主题/活动安排	单元主题	课时	内容或活动	实施建议
	分享《课程纲要》	0.5	（1）园林藏书票课程的活动目标、评价内容与方式。 （2）课程内容。	（1）学生课前搜集有关园林和藏书票的材料，并参与PPT课件的制作和介绍。 （2）通过教师的课堂介绍和学生交流等形式，学生能大概了解整个课程内容。
	以刀代笔——藏书票	4.5	（1）藏书票的历史、文化。 （2）藏书票的制作方法。	（1）学生搜集自己感兴趣的各类藏书票，课上交流互动。 （2）通过教师对藏书票历史脉络的介绍和制作环节的示范与展示，学生对藏书票的基础知识有了更清楚的认知。
	园林庭院深深——木刻藏书票制作	5	（1）木刻藏书票的制作方法。 （2）园林庭院的建造特色。 （3）园林庭院深深——木刻藏书票制作技艺。	（1）利用特色学习资源，组织学生参与特色活动，带领学生进行苏州园林的写生采风活动。 （2）学生通过自主拍摄、网络查找等途径，寻找主题为"庭院深深"的园林图片。 （3）师生对名家园林版画作品进行搜集、整理。 （4）教师运用校本教材、微课、多媒体等进行木刻版画教学。学生能够领悟木版画制作要点，进行园林"庭院深深"主题藏书票作品创作。教师巡回指导。

续表

课程名称	藏书票制作——苏州园林建筑意蕴之美			
学习主题/活动安排	园林石桥——胶板藏书票制作	5	(1)胶板藏书票的制作方法。 (2)园林石桥的多种形态和特点。 (3)园林石桥胶板藏书票制作技艺。	(1)学生寻找主题为"园林太湖石"和"园林桥"的图片。 (2)师生查找名家园林石桥藏书票作品。 (3)教师运用校本教材、微课、多媒体等方式进行木刻版画教学。学生能够领悟胶板版画制作要点,进行"园林石桥"主题藏书票作品创作。教师巡回指导。
	园林古亭——综合材料藏书票制作	5	(1)综合材料藏书票的制作方法。 (2)园林古亭的建造特点和实用价值。 (3)园林各类古亭综合材料藏书票制作技艺。	(1)学生自主探究园林古亭的分类、作用等。 (2)师生学习、欣赏园林古亭的不同绘画作品。 (3)教师运用校本教材、微课、多媒体等方式进行综合材料版画教学。
	园林门窗探幽——吹塑板藏书票制作	5	(1)吹塑板藏书票的制作方法。 (2)园林门窗的建造特点和实用价值。 (3)园林门窗吹塑板藏书票制作技艺。	(1)学生查找园林门窗的分类、作用等资料。 (2)师生学习、欣赏园林门窗的特点及香山帮匠人的制作技艺。 (3)教师运用校本教材、微课、多媒体等方式进行吹塑板版画教学。
	园林山水造景——橡皮章藏书票制作	5	(1)橡皮章藏书票的制作方法。 (2)园林山水造景的特点。 (3)园林山水造景橡皮章藏书票制作技艺。	(1)学生进园林拍摄山水造景的图片资料。 (2)教师运用校本教材、微课、多媒体等方式进行橡皮章版画教学。

学习评价	评价结果呈现:
	  学生的学期成绩以等第制方式呈现,以各模块活动的表现性评价为主。
	(1)以刀代笔——藏书票。
	  评价标准:学生能够区分不同刀具的作用,特别是三角刀、圆刀、切刀的使用;知道藏书票的特点和作用;能在木板上利用刻刀做出一张符合藏书票要求的简单作品(根据作品情况,分设优秀、良好、及格、不及格四个等第)。
	  优秀:能够很好地区分不同刀具的作用,刻板主题突出,能灵活运用各类刀具,有刀味。			

续表

课程名称	藏书票制作——苏州园林建筑意蕴之美
学习评价	良好:能够较好地区分不同刀具的作用,能较好运用各类刀具,有刀味。 　　及格:能够基本区分不同刀具的作用和运用刀具。 　　不及格:不能够区分不同刀具的作用和运用刀具,刻板表现较差。 (2)园林庭院深深——木刻藏书票制作。 　　评价标准:以小组为单位,学生以PPT形式汇报园林探究活动;小组拍摄符合"庭院深深"主题的园林照片5张;学生能够通过图片素材整合成一张园林庭院的藏书票稿图;能够用木刻方法做出一张整体协调统一、符合藏书票要求的作品(根据作品情况,分设优秀、良好、及格、不及格四个等第)。 　　优秀:符合主题要求,能够很好地区分不同刀具的作用,刻板主题突出,能灵活运用各类刀具,有刀味。 　　良好:基本符合主题要求,能够较好地区分不同刀具的作用,能较好地运用各类刀具,有刀味。 　　及格:基本符合主题要求,能够基本区分不同刀具的作用和运用刀具。 　　不及格:不能够区分不同刀具的作用和运用刀具,刻板表现较差。 (3)园林石桥——胶板藏书票制作。 　　评价标准:学生能够在胶板上灵活组织、运用各类点面表现方法刻出各类石桥形态,制作一张具有园林特色的石桥藏书票作品(根据作品情况,分设优秀、良好、及格、不及格四个等第)。 　　优秀:符合主题要求,能够很好地区分不同刀具的作用,刻板主题突出,能灵活运用各类刀具,有刀味。 　　良好:基本符合主题要求,能够较好地区分不同刀具的作用,能较好地运用各类刀具,有刀味。 　　及格:基本符合主题要求,能够基本区分不同刀具的作用和运用刀具。 　　不及格:不能够区分不同刀具的作用和运用刀具,刻板表现较差。 (4)园林古亭——综合材料藏书票制作。 　　评价标准:学生能够找取各类废旧材料进行肌理的实验;尝试将古亭和肌理进行有机整合,形成一张特点鲜明、富有园林特色的藏书票作品(根据作品情况,分设优秀、良好、及格、不及格四个等第)。 　　优秀:符合主题要求,能够很好地区分不同刀具的作用,刻板主题突出,能灵活运用各类刀具,有刀味。 　　良好:基本符合主题要求,能够较好地区分不同刀具的作用,能较好地运用各类刀具,有刀味。 　　及格:基本符合主题要求,能够基本区分不同刀具的作用和运用刀具。 　　不及格:不能够区分不同刀具的作用和运用刀具,刻板表现较差。 (5)园林门窗探幽——吹塑板藏书票制作。 　　评价标准:学生以小组为单位,完成苏州"园林门窗探幽"PPT并演讲;运用园林门窗框景、借景的特点,进行吹塑板套色藏书票的创作和表现(根据作品情况,分设优秀、良好、及格、不及格四个等第)。 　　优秀:符合主题要求,能够很好地区分不同刀具的作用,刻板主题突出,能灵活运用各类刀具,有刀味。

续表

课程名称	藏书票制作——苏州园林建筑意蕴之美

学习评价	良好:基本符合主题要求,能够较好地区分不同刀具的作用,能较好地运用各类刀具,有刀味。
	  及格:基本符合主题要求,能够基本区分不同刀具的作用和运用刀具。
	  不及格:不能够区分不同刀具的作用和运用刀具,刻板表现较差。
	(6)园林山水造景——橡皮章藏书票制作。
	  评价标准:学生探究苏州各园林的代表景物,用拍视频或照片的形式进行有效记录;运用橡皮章藏书票制作方式将各园林特色景物进行创作表现,制作一张藏书票作品(根据作品情况,分设优秀、良好、及格、不及格四个等第)。
	  优秀:符合主题要求,能够很好地区分不同刀具的作用,刻板主题突出,能灵活运用各类刀具,有刀味。
	  良好:基本符合主题要求,能够较好地区分不同刀具的作用,能较好地运用各类刀具,有刀味。
	  及格:基本符合主题要求,能够基本区分不同刀具的作用和运用刀具。
	  不及格:不能够区分不同刀具的作用和运用刀具,刻板表现较差。

备注	

第七章 学校跨学科课程整合举要

跨学科课程整合,是指围绕某个特定主题,将两个或两个以上学科中的相关知识联系起来,各学科共有的概念、技能、观念等充当课程整合的联结点,共同形成关于这个主题的多学科知识体系。不同的学科知识通过共同的联结点而联系起来,形成了主题式知识结构。

第一节 STEM跨学科模块课程纲要

STEM课程是跨学科课程整合的典型代表。STEM是科学(Science)、技术(Technology)、工程(Engineering)和数学(Mathematics)4个学科的英文首字母的组合。STEM课程是一种多学科知识有机融合的跨学科课程形态,它强调打破传统的学科内容框架,对各学科之间相互关联的知识进行整合,形成模块化课程资源。作为九年一贯制的学校,我校依靠学段优势,积极实施STEM课程,打造了磁力、电路、环境、建筑、人工智能等主题的模块化课程及与此相对应的课程纲要。

一、STEM课程总纲要

课程名称:STEM。
课程类型:跨学科课程。
适用年级:三年级至八年级
课时:67课时。

1. 课程背景

STEM 概念起源于美国,美国科学教育学者最早于 20 世纪 50 年代提出"科学素养"的概念,并且得到了其他国家科学教育学者的认可。STEM 是 4 个单词的首字母组合,即 Science(科学)、Technology(技术)、Engineering(工程)、Mathematics(数学)。1986 年,STEM 教育由美国国家委员会首次提出。

STEM 领域建立在与其他学科的融合基础上。STEM 课程的教育哲学是"以设计和探索为目的,并对技术问题的解决进行科学的探索",与我校"中西合璧,育社会栋梁之材;古今交融,奠终身发展之基"的特色办学目标紧密结合,因此我校在九年一贯制的学校体系中,系统性地实施 STEM 课程,在 STEM 课程逐渐发展为包容性更强的跨学科综合素质教育基础上,让学生的综合素养得到全面发展。

2. 课程目标

基于 STEM 课程的特点,STEM 课程以培养学生的四种素养为目标。

(1) 科学素养(Scientific literacy)

科学是反映自然、社会、思维等的客观规律的分科的知识体系。科学素养是一种运用科学知识和过程(如物理、化学、生物科学和地球空间科学)及理解自然界并参与影响自然界的有关决策。

(2) 技术素养(Technological literacy)

技术是人类将科学知识用于解决实际问题,在利用自然、改造自然中所创造并使用的工具、方法,以及所积累的经验的总称。技术素养是指使用、管理、理解与评价技术的能力。学生应当知道如何使用技术,了解技术的发展过程,并具备分析新技术如何影响自己、国家乃至整个世界的能力。

(3) 工程素养(Engineering literacy)

工程是运用科学原理和技术手段,在一定条件的约束下,为满足人的需求,创造人工物的过程。工程素养是指对技术的工程设计与开发过程的理解。

(4) 数学素养(Mathematical literacy)

数学是研究现实世界空间形式和数量关系的一门科学。数学素养是指学生在发现、表达、解释和解决多种情境下的数学问题时,进行分析、推断和有效交流思想的能力。

3. 课程内容(表 7-1)

表 7-1 三年级至八年级一学期 STEM 课程纲要

教学主题	教学内容		课时	教学主题	教学内容		课时
三年级：磁力生花	活动内容一	神奇的磁力	4	六年级：建筑之美	活动内容一	形状构成	2
	活动内容二	神秘的UFO	3		活动内容二	探秘拱桥	4
	活动内容三	终结者	3		活动内容三	纸塔高尔夫	2
					活动内容四	神奇隧道	2
四年级：电路探秘	活动内容一	初探电路	3	七年级：人工智能	活动内容一	建造机器人	3
	活动内容二	神奇的纸电路	5		活动内容二	准点到达	4
	活动内容三	点亮世界	4		活动内容三	倒车入库	5
五年级：一景一世界	活动内容一	园林之美	3	八年级：人工智能	活动内容一	自动避障	3
	活动内容二	从理想到现实	4		活动内容二	遥控机器人	4
	活动内容三	巧夺天工	5		活动内容三	古堡历险	4

4．实施与评价

基于各 STEM 模块课程的目标,以及各年级的学习内容,笔者对实施过程中的学习活动建议及评价建议如下。

（1）学习活动建议

① 动手动脑学 STEM。

② 开展探究式学习。

③ 突出学生的主体地位。

（2）评价建议

① 评价结果呈现。

学期总评成绩以等第制形式呈现,它由两部分组成,即过程性评价占总成绩的 75%,期末终结性评价占总成绩的 25%。

② 评价方式。

A．过程性评价

过程性评价成绩（75%）来自 STEM 课程评价量表。以小组为单位,根据每个单元学习的情况评分。

B．期末评价

形式:"金鸡湖学校 STEM"展示活动。

内容:展示学习过程中形成的档案袋。

结果呈现:STEM 学习成长档案袋。

C. 学期总评成绩

学期总评成绩 = 过程性评价成绩(75%) + 期末终结性评价成绩(25%)。

等第	评价	等第	评价
优秀	90 分及以上	合格	60—79 分
良好	80—89 分	需努力	60 分以下

二、分年级 STEM 模块课程纲要

(一)五年级"一景一世界"课程纲要(表 7-2)

表 7-2 五年级"一景一世界"课程纲要

课程名称	一景一世界			课程类型	STEM 跨学科模块课程
适用年级	五年级	总课时	12	人数	每班 50 人
课程简介	本课程以了解姑苏园林的历史和欣赏园林的布局为起始,通过小组合作的方式沟通想法、设计整合方案,逐步形成一个园林微景观设计图。随后,教师逐步引导学生自主选择材料,完成 3D 打印摆件和微景观的制作,并在交流讨论中形成更为合理、美观的方案。				
背景分析	时下,将苔藓、多肉、蕨类植物与蘑菇、栅栏、假山、卡通人物等盆景配件灵活组合后形成的被称为"微景观"的新型迷你艺术盆栽,正在都市白领、学生一族中悄然流行。"微景观"凭借充满童真的造型、丰富自由的创意、造价低廉、易于养护的特点,深受人们的喜爱。本课程将结合苏州园林的特点和"微景观"制作的方法,完成具有地方特色的园林"微景观"。 五年级的学生在注意力、记忆力、审美情趣、逻辑思维能力等方面有一定的基础,具有一定"形状与结构"的知识储备和一定的美学基础。随着知识的积累和生活经验的丰富,学生对建筑设计的认识正初步形成框架。本课程中,学生需要通过选材、建模、设计、交流等一系列的操作,强化自身的设计和统筹能力,在团队协作的过程中激发自身的创造性思维。				
学习目标	(1)对于不同种类、特点的园林能进行描述和鉴赏。 (2)尝试在小组活动中结合园林的特点绘制园林"微景观"设计图。 (3)能进行建模活动,利用 3D 打印技术制作"微景观"中的摆件。 (4)尝试小组成员分工完成园林"微景观"。 (5)能根据全班交流展示的结果对作品进行适当改进。				

第七章　学校跨学科课程整合举要

续表

	单元主题	课时	项目或活动	实施建议
学习主题/活动安排	单元一：园林之美	3	(1)认识园林"微景观"。	(1)利用视频,让学生感知园林"微景观"。 (2)交流与分享。 (3)总结和评价。
			(2)设计园林"微景观"。	(1)利用图片,让学生聚焦园林"微景观"的特点。 (2)绘制"微景观"设计图纸。 (3)展示并分享设计图纸。 (4)师生互评。 (5)根据建议改进设计图纸。 (6)总结经验。
			(3)制作园林"微景观"。	(1)用材料制作园林"微景观"。 (2)展示与分享。 (3)优化与改进。
	单元二：从理想到现实	4	(1)学习使用3D建模软件制作模型。	(1)利用视频,让学生感知3D建模软件。 (2)交流与分享。 (3)总结经验。
			(2)设计园林建筑模型摆件。	(1)利用3D建模软件设计摆件。 (2)展示并分享设计图纸。 (3)师生互评。 (4)根据建议改进设计图纸。 (5)总结经验。
			(3)制作园林建筑模型摆件。	(1)利用3D打印机制作摆件。 (2)展示与分享。 (3)总结经验。
			(4)汇报展示。	(1)分组展示园林建筑模型摆件。 (2)交流与分享。 (3)总结和评价。

续表

学习主题/活动安排	单元主题	课时	项目或活动	实施建议
学习主题/活动安排	单元三：巧夺天工	5	(1) 深入学习"微景观"植物类型。	(1) 利用视频，让学生充分感知"微景观"植物的选择和搭配。 (2) 交流与分享。 (3) 总结和评价。
			(2) 设计苏式园林"微景观"。	(1) 利用"微景观"植物的选择和搭配知识，结合苏州地方特色，让学生自主设计苏式园林"微景观"。 (2) 绘制苏式园林"微景观"设计图纸。 (3) 展示并分享设计图纸。 (4) 学生互评。 (5) 根据建议改进设计图纸。 (6) 总结和评价。
			(3) 制作苏式园林"微景观"。	(1) 挑选植物与摆件，制作苏式园林"微景观"。 (2) 展示与分享。 (3) 优化与改进。
			(4) 苏式园林"微景观"展示会。	(1) 分组展示制作完成的苏式园林"微景观"。 (2) 交流与分享。 (3) 总结和评价。
			(5) 用苏式园林"微景观"布置校园。	(1) 各组将园林"微景观"在校园内布置好。 (2) 展示与分享。 (3) 总结和评价。

续表

(1)学生的学期成绩以等第制方式呈现,根据得分情况,分设优秀(85分及以上)、合格(60—84分)、不合格(60分以下)。
(2)学生分组以教师制定和学生自选两种方式相结合,并分小组进行评价。
附课程评价量表:

		"一景一世界"课程评价量表								
	评价指标	评价标准	小组分数							
			组1	组2	组3	组4	组5	组6	组7	组8
学习评价	材料选择、数学建模	合作交流（10分）	友好合作,互相帮助,积极参与问题讨论。								
		可操作性（10分）	能根据不同材料的特性进行选择搭配。								
		有创意（15分）	立意新颖,原创或在原有基础上有较大的创新和改进。								
	设计制作	分工明确（10分）	小组分工明确,各司其职。								
		操作规范（15分）	在制作过程中,对于铲子等工具的运用安全规范。								
		作品呈现（10分）	最终能呈现出一个完整的"微景观"模型,并具有一定的美观度。								
	改良优化	美观度（5分）	在设计制作美工上有较高的艺术水平,可视性强。								
		功能性（10分）	能够在一些场景中起美化作用。								
		改进措施（15分）	能从布局、搭配等角度对"微景观"进行改良。								
		总分合计									
备注											

(二)六年级"建筑之美"课程纲要(表7-3)

表7-3 六年级"建筑之美"课程纲要

课程名称	建筑之美			课程类型	STEM跨学科模块课程
适用年级	六年级	总课时	10	人数	每班50人
课程简介	本课程以尝试使用意大利面和棉花糖搭建平面和立体几何图形为起始,通过小组合作的方式沟通想法、设计整合方案,逐步形成一个稳定的高塔结构。随后,教师逐步引导学生自主选择材料,完成帐篷、拱桥、纸塔、隧道的制作,并在测试过程中形成更合理的设计方案。				
背景分析	金字塔、埃菲尔铁塔、东方明珠广播电视塔,这些世界著名的建筑都有什么样的结构特点呢?学生在体验建筑学家设计、建造的过程中,认识科学、技术对社会进步产生的巨大影响。 六年级的学生在注意力、记忆力、逻辑思维能力等方面有一定的基础,具有一定"形状与结构"的知识储备。随着知识的积累和生活经验的丰富,学生对科学学科的认识正初步形成框架。本课程中,学生需要通过选材、设计等一系列的操作,强化自身的设计和统筹能力,在团队协作的过程中激发自己的创造性思维。				
学习目标	(1)认识建筑结构由不同的几何形状构成,了解建筑结构的共同特点。 (2)尝试用简单材料构成建筑单元,并在探究的过程中有效进行分工合作。 (3)能进行简单的工程运算,并根据数据绘制设计图。 (4)能采纳同伴或老师的合理化建议,对作品进行进一步改进。				
学习主题/活动安排	单元主题	课时	项目或活动	实施建议	
	单元一:形状构成	2	(1)建高塔。	(1)利用图片和视频,让学生总体感知框架式建筑。 (2)绘制高塔设计图纸。 (3)展示并分享设计图纸。 (4)学生互评。 (5)根据建议改进设计图纸。 (6)利用意大利面和棉花糖完成高塔的搭建。 (7)展示与分享。 (8)师生互评。 (9)优化与改进。	
			(2)搭帐篷。	(1)利用实物,让学生感知帐篷的结构。 (2)绘制帐篷设计图纸。 (3)选择材料。 (4)制作帐篷模型。 (5)展示与分享。 (6)师生互评。 (7)优化与改进。	

续表

	单元主题	课时	项目或活动	实施建议
学习主题/活动安排	单元二：探秘拱桥	4	(1)抵抗弯曲。	(1)利用梁柱结构,让学生聚焦建筑的承重特点。 (2)分组实验,体验横梁抵抗弯曲的能力。 (3)总结和评价。
			(2)拱形结构(一)。	(1)利用拱门特点,让学生聚焦拱形的承重能力。 (2)分组实验,体验拱形承重的特点。 (3)总结和评价。
			(3)拱形结构(二)。	(1)利用苏州园林的建筑特点,让学生聚焦拱桥的形状。 (2)分组实验,研究拱形承重的秘密。 (3)寻找生活中的拱形结构。
			(4)黏土拱桥。	(1)利用图片和视频,让学生感知拱桥的特点。 (2)设计拱桥,并绘制图纸。 (3)展示并分享设计图纸。 (4)学生互评。 (5)根据建议改进设计图纸。 (6)利用黏土搭建拱桥。 (7)展示与分享。 (8)师生互评。 (9)优化与改进。
	单元三：纸塔高尔夫	2	(1)纸的承受力。	(1)利用实物,让学生感知纸的承受力。 (2)利用10张A4纸搭建称重台。 (3)称重测试。 (4)总结经验。
			(2)纸塔搭建。	(1)纸牌搭建挑战赛。 (2)展示与分享。 (3)总结经验。
	单元四：神奇隧道	2	(1)搭建隧道。	(1)挑选材料制作隧道。 (2)展示与分享。 (3)优化与改进。
			(2)装饰隧道。	(1)用材料装饰隧道。 (2)展示与分享。 (3)优化与改进。

续表

			小组分数							
	评价指标	评价标准	组1	组2	组3	组4	组5	组6	组7	组8

(1) 学生的学期成绩以等第制方式呈现，根据得分情况，分设优秀(85 分及以上)、合格(60—84 分)、不合格(60 分以下)。
(2) 学生分组以教师制定和学生自选两种方式相结合，并分小组进行评价。
附课程评价量表：

"建筑之美"课程评价量表

学习评价	评价指标		评价标准	小组分数							
				组1	组2	组3	组4	组5	组6	组7	组8
	材料选择、数学建模	合作交流(10分)	友好合作，互相帮助，积极参与问题讨论。								
		可操作性(10分)	能根据不同材料的特性进行实验选择，能计算出帐篷模型的大小。								
		有创意(15分)	立意新颖，原创或在原有基础上有较大的创新和改进。								
	设计制作	分工明确(10分)	小组分工明确，各司其职。								
		操作规范(15分)	在制作过程中，对于尖嘴钳等工具的运用安全规范。								
		作品呈现(10分)	最终能呈现出一个完整的帐篷模型，并具有一定的美观度。								
	改进优化	美观度(5分)	在设计制作美工上有较高的艺术水平，可视性强。								
		功能性(10分)	能够实际容纳两个人偶，空间充足。								
		改进措施(15分)	能设计实验，从防水性、防风性等角度对帐篷进行测试和改进。								
	总分合计										
备注											

（三）七年级"人工智能——建造机器人"课程纲要（表7-4）

表7-4 七年级"人工智能——建造机器人"课程纲要

课程名称	人工智能——建造机器人			课程类型	STEM跨学科模块课程
适用年级	七年级	总课时	12	人数	每班50人
课程简介	本课程在建造一个简单可控的移动机器人的基础上，通过控制轮胎转过的圈数、角度或者时间来控制机器人准确地移动一段距离。目标为完成倒车入库的挑战，并尝试让机器人在同一时间完成多个动作，进一步掌握"程序链"的流程设计。				
背景分析	人工智能正在逐渐改变人们工作和生活的方式，对人工智能技术的了解和学习也成为考查学生基本思维方式和技术素养的一部分。 七年级的学生对基本的计算机操作有一定的基础，又具有与之相关的数学、设计、工程的操作能力。在人工智能的学习中，学生能接触前沿科技，并通过动手动脑建造机器人。				
学习目标	（1）了解通过设计、组织、调试的流程建造机器人，尝试利用LEGO组装一个机器人，并通过简单的程序测试，认识机器人的不同硬件组成及硬件功能。 （2）了解"移动"是机器人的基本功能之一，尝试利用程序指令控制机器人行驶的距离，理解参数在程序中的作用。 （3）学会添加"程序链"的编程方法，尝试设计、建造并调试机器人，能够利用所学的知识解决实际问题。				
学习主题/活动安排	单元主题	课时	项目或活动	实施建议	
	单元一：建造机器人	3	（1）认识机器人的建造过程。	（1）利用图片和视频，让学生总体感知常见机器人及其建造方法。 （2）利用图片，介绍机器人的建造步骤。 （3）绘制机器人设计图纸。 （4）展示并分享设计图纸。 （5）学生互评。 （6）根据建议改进设计图纸。	
			（2）建造机器人。	（1）展示、交流改进后的机器人设计图纸。 （2）利用LEGO按照图纸组装机器人。 （3）运行程序，让机器人按照一定的轨迹移动。 （4）展示与分享。 （5）优化与改进。	

续表

	单元主题	课时	项目或活动	实施建议
学习主题/活动安排	单元一：建造机器人	3	(3)运行DEMO程序。	(1)运行DEMO程序,尝试通过改变轮胎转过的圈数、角度或者时间来控制机器人。 (2)展示与交流。 (3)总结和评价。
	单元二：准点到达	4	(1)机器人的准点到达。	(1)利用图片和视频,让学生聚焦机器人准点到达的操作流程。 (2)解析准点到达的规则标准。 (3)解析、评比视频。
			(2)编写机器人程序。	(1)解析DEMO程序如何实现机器人控制。 (2)尝试自行编写程序控制机器人。 (3)交流、分析自编程序。 (4)学生互评。 (5)根据建议改进自编程序。
			(3)挑战夺星。	(1)用自编程序尝试控制机器人准确地移动一段时间。 (2)用自编程序尝试控制机器人准确地移动一段距离。 (3)分析并改进自编程序,再控制。
			(4)升级版挑战夺星。	(1)用改进后的自编程序尝试控制机器人准确地在一段时间内移动一段距离。 (2)展示与分享。 (3)总结和评价。
	单元三：倒车入库	5	(1)机器人的倒车入库。	(1)利用图片和视频,让学生聚焦机器人倒车入库的操作流程。 (2)解析倒车入库的规则标准。 (3)解析、评比视频。
			(2)倒车入库的场地设计。	(1)回顾规则标准,熟悉场地设计要求,分组设计倒车入库场地。 (2)分组观察邻组设计的场地,记录发现的问题。 (3)交流与分享。 (4)根据建议改进场地设计。 (5)选出两组最优设计作为最后一课的评比场地。

续表

	单元主题	课时	项目或活动	实施建议
学习主题/活动安排	单元三：倒车入库	5	（3）建造倒车机器人。	（1）利用自编程序尝试控制机器人倒车。 （2）交流、分析自编程序。 （3）学生互评。 （4）根据建议改进自编程序。 （5）用改进后的自编程序尝试控制机器人准确地按照一定的轨迹倒车。 （6）展示与分享。 （7）优化与改进。
			（4）关联"程序链"。	（1）利用自编程序尝试使机器人发出声音。 （2）将机器人发声程序关联至机器人倒车程序，形成"程序链"。 （3）展示与分享。 （4）优化与改进。
			（5）倒车入库评比。	（1）配乐机器人倒车展示秀。 （2）抽签决定倒车入库场地，学生控制机器人进行倒车入库。 （3）师生共评，选出表现最好的两组给予奖励性加分。 （4）总结经验并交流。

续表

	(1)学生的学期成绩以等第制方式呈现,根据得分情况,分设优秀(85分及以上)、合格(60—84分)和不合格(60分以下)。 (2)学生分组以教师制定和学生自选两种方式相结合,并分小组进行评价。 附课程评价量表:								
学习评价	"人工智能——建造机器人"课程评价量表								
	评价指标		评价标准	小组分数					
				组1	组2	组3	组4	组5	组6	组7	组8
	设计图纸	合作交流(10分)	友好合作,互相帮助,积极参与问题讨论。								
		可操作性(10分)	能根据图纸进行操作。								
		有创意(15分)	立意新颖,原创或在原有基础上有较大的创新和改进。								
	建造机器人	分工明确(10分)	小组分工明确,各司其职。								
		操作规范(15分)	制作机器人过程中,操作规范,顺序得当。								
		能运行程序(10分)	运行程序使机器人动起来。								
	展示和分析	语言表达(5分)	语言流利,表达顺畅,富有逻辑性。								
		美观度(10分)	在设计制作美工上有较高的艺术水平,可视性强。								
		功能性(15分)	能解决实际问题。								
	总分合计										
备注											

第二节　STEM 跨学科模块课程活动手册

根据 STEM 跨学科模块课程纲要，我校开发了与之相对应的活动手册。限于篇幅，笔者仅以六年级"建筑之美"课程——"形状构成"和"探秘拱桥"为例。

一、形状构成

（一）棉花糖意面高塔

S（Science）	★★★
T（Technology）	★★
E（Engineering）	★★
M（Mathematics）	★★

1. 活动目标

S（科学）：了解不同结构的稳定性，掌握分析"力的三要素"的方法，对简单的结构能够进行受力分析。

T（技术）：学习结构力学的相关知识，了解结构的加固方法。

E（工程）：动手搭建不一样的结构，通过比赛的方式激发学生追求更高、更稳定的结构设计。

M（数学）：计算压杆的受力。

2. 活动准备

学生准备：意面、棉花糖、设计图纸、记号笔、剪刀、卷尺。

教师准备：班级汇报表。

3. 活动过程

（1）任务发布

① 了解埃菲尔铁塔（教师介绍埃菲尔铁塔的建造背景）。

② 引导学生利用意面、棉花糖设计高塔。

③ 出示招标公告(一学生朗读,师在黑板上贴课题)。

(2) 图纸设计

① 请每位设计师先独立思考,画在小图纸上,再小组讨论并选择合适的方案画在大图纸上,最后把投稿张贴到黑板上。

② 小组设计塔的结构。

③ 小组张贴设计图纸。

④ 交流:你认为哪一组的设计能中标呢?说说理由。这几组为什么不能中标呢?说说理由。

(3) 模型制作

① 小组成员合作建塔。

② 各组进行建造后的反思:

A. 我们的塔达到质量要求了吗?

B. 我们建塔时遇到了哪些困难?我们是怎么解决的?

C. 我们的塔还有什么缺陷?可以怎样改进?

(4) 反馈评价

① 请各组谈谈建塔的收获。

② 各小组评价自己的塔。

【教学小贴士】

学生在小学阶段初步学习过平面和立体形状,有基本的知识储备。初一学生有较强的好奇心和动手能力,但较少进行这样的小组动手实践活动,故需要教师在活动过程中进行引导。

(5) 学习任务单

第_____小组组员:

任务一:画一画你们的高塔设计图。

任务二:你觉得需要改进的地方有哪些?

(二) 铁丝搭帐篷

S(Science)	★★★
T(Technology)	★★
E(Engineering)	★★
M(Mathematics)	★★

1. 活动目标

S(科学):能测试帐篷的结构稳定性。

T(技术):设计实验证明帐篷布料的防水性、支撑材料的韧性。

E(工程):判断帐篷搭建的难易程度、测量帐篷收起后的大小和重量。

建筑之美

M(数学):计算帐篷的占地面积、空间大小。

2．活动准备

学生准备:铁丝、意大利面、竹签、牙签、塑料彩条布、报纸、保鲜袋、瓦楞纸若干,小型洒水壶1个。

教师准备:双人旅行帐篷1个,卷尺1把,学生活动页。

3．活动过程

(1) 任务发布

① 播放视频。

旁白:在阳光特别灿烂的日子,人们喜欢来到野外郊游,他们会带上这种可以撑在地上遮蔽风雨、日光并供临时居住的棚子,这就是帐篷。

② 提问:你能说出帐篷有哪些种类吗?帐篷由哪些部分构成?帐篷的结构有什么特点?怎样设计它不会倒呢?

(2) 模型设计

① 根据数据,教师给大家5分钟的时间讨论,计算出帐篷模型的大小。

A. 组织学生测量出人偶的高度为34厘米。

B. 学生通过卷尺测量出帐篷的长、宽、高分别为210厘米、190厘米、130厘米。根据5∶1的数量关系,学生不难计算出帐篷模型长42厘米、宽38厘米、高26厘米。

② 任务布置:请同学们利用"形状和结构"的知识来设计一个理想的帐篷,并把设计画下来。

(3) 帐篷制作

基于以上几点,在制作的过程中,帐篷的支柱和边框一定尽可能稳固,整个帐篷的屋顶和墙面则要尽可能封闭。

(4) 测试优化

任务一:检测空间大小。

任务二:检测结构稳定性。

任务三:测试防水性。

任务四:比较各小组帐篷的重量。

【教学小贴士】

教师针对项目特点,制定学生学习的评价标准,引导学生通过多种方式进行成果展示,最后请学生将各小组的评价填写在学生活动页上。

(5) 学习任务单

第_____小组组员:

任务一:画一画你们的帐篷设计图。

任务二:你觉得需要改进的地方有哪些?

二、探秘拱桥

(一) 抵抗弯曲

S(Science)	★★★
T(Technology)	★★
E(Engineering)	★★
M(Mathematics)	★★

建筑之美

1. 活动目标

S(科学):增加梁的宽度可以增加抗弯曲能力,增加梁的厚度也可以大大增加抗弯曲能力。

T(技术):使用原材料进行实验改进。

E(工程):能自主设计实验来证明。

M(数学):能根据结论绘制表格。

2. 活动准备

学生准备:长、宽相同、厚度不同的纸条(相同的卡纸粘贴而成),长、厚相同、宽度不同的纸条,铁垫圈,竹片或尺子。

教师准备:课件。

3. 活动过程

(1) 任务发布

在三年级时,我们研究过纸承受拉伸和弯曲的性能。教师可以请学生说说纸承受弯曲的性能如何。

① 图片导入了解:房子和桥梁都是依靠柱和梁支撑的。

② 通过对比学生认识到,柱子承受的压力要把柱子压短、压碎,这当然是很不容易的;而横梁承受的压力要把横梁压弯、压断,这就比较容易了。所以,研究横梁抗弯曲能力很重要。

(2) 实验探究

研究纸抗弯曲的能力与哪些方面有关。

① 教师提出问题：

A. 薄的纸连自身重量都不能承受就弯曲了，那厚的纸呢？

B. 同学们猜想一下，如果加大纸的厚度，纸的抗弯曲能力会怎样呢？（出示小黑板）

② 学生猜想后，教师提出问题，在这个过程中教师要加强引导，把学生的注意力集中到影响弯曲的因素上。

③ 针对学生的疑问，教师指导学生制订实验计划，并注意实施中遇到的问题。

A. 注意实验应控制哪些量不变。

B. 怎样表示纸的抗弯曲能力的大小。

C. 设计表格并完成。

	纸的厚度			
抗弯曲能力的大小	预测			
	实测			

④ 根据所得数据制成曲线图，进行数据统计和分析（这是对学生实验技能的培养）。

⑤ 最后得出结论：增加纸的厚度可以明显地加强其承受重量的能力。

（3）测试优化

桥梁的横截面一般是什么样子的？桥梁是怎样安放的？通过今天的学习，请同学们说说这样安放的理由，并用实验来证明自己的理由。

（4）反思讨论

教师提问、归纳本节课学习的要点。

【教学小贴士】

在第一次纸的宽度与抗弯曲能力的实验数据得出以后，学生能从数据中很明显地看出纸的宽度与抗弯曲能力的关系。而第二次实验后，若学生还仅能得出"纸的厚度增加，抗弯曲能力也增强"这一简单结论，没有真正通过对比实验，发现到原来厚度增加后抗弯曲能力并非只是成倍增加，而是以倍数的平方这个方式增加，那么该课程便是不完善的。

(5) 学习任务单

第_____小组组员：

任务一：实验探究，完成表格。

纸的厚度				
抗弯曲能力的大小	预测			
	实测			

任务二：在本堂课中，你收获了什么？

（二）拱形结构

S (Science)	★★★
T (Technology)	★★
E (Engineering)	★★
M (Mathematics)	★★

建筑之美

1．活动目标

S（科学）：根据观察到的拱形产生的形变来推想它受力的状况。

T（技术）：使用原材料进行拱桥实验改进。

E（工程）：能自主设计实验证明。

M（数学）：能根据结论绘制表格。

2．活动准备

教师准备：相关的图片资料。

学生准备：小刀，做拱形的纸，铁垫圈若干。

3．活动过程

（1）任务发布

实验：做一个纸拱，试试它能承受多大压力。

① 学生分组进行实验（教师要求学生做好分工与记录）。

② 要求：测试纸拱能承受多大压力。

观察纸拱随着压力的增强，形状会有什么变化。

③ 分组表述自己的实验结果。

（2）实验设计

① 提出问题：怎样使纸拱承受更大的压力？

② 提示：根据纸拱受压变形的现象，寻找克服变形的方法。

（学生组在实验中，教师应要求学生做好分工，并注意哪些量是不变的。）

（3）反思评价

如何让纸拱的承重能力变得更强？

【教学小贴士】

　　本课的核心概念是拱形承载重量时,能把压力向下、向外传递给相邻的部分,产生外推力。如果抵住这个力,拱形就能承载很大的重量。学生对概念的认识与发展引领着我们进行有效的教学互动,正是由于核心概念贯穿教学的始终,我们的课堂教学才能主线清晰,学生因此探究情趣盎然,课程深入有效。

（4）学习任务单

第_____小组组员：

任务一：画一画你们的拱桥设计图。

任务二：你觉得需要改进的地方有哪些?

（三）制作拱桥

S(Science)	★★
T(Technology)	★★★
E(Engineering)	★★★
M(Mathematics)	★★

1. 活动目标

S(科学)：桥梁的特征和结构。

T(技术)：使用原材料制作拱桥。

E(工程)：能自主设计拱桥结构图。

M(数学)：能计算出桥梁各部分的长度。

2. 活动准备

学生准备：报纸、胶带、剪刀、尺子。

教师准备：拱桥图片、桥梁模型。

3. 活动过程

（1）任务发布

我国著名桥梁专家茅以升说过："桥梁是一种自古有之，最普遍而又最特殊的建筑物。"

任务：概括桥梁特征。

教师出示拱桥图片，学生观察比较这些拱桥：它们有什么相同和不同？各有什么优点？

（桥面在拱下方的拱桥，桥面可以拉住拱足，抵消拱产生的向外的推力。桥面被水平方向的力拉紧，还增加了桥面的抗弯曲能力。）

（2）纸桥设计

① 观察拉索桥：它们的受力部分主要是哪些？

（学生说出自己的观察结果和想法。）

② 以实际例子说明（可结合家乡的桥做说明）：这些桥的结构是怎样的，拉索桥究竟有什么优点。

③ 绘制设计图。

(3) 纸桥制作

教师可以请学生回答以下的问题：

① 设计的想法是怎样形成的(学生展示设计图或讲述设计过程)？

② 应用了哪些形状方面的知识？

③ 应用了哪些结构方面的知识？

④ 我们的桥哪里受到压力？哪里受到拉力？

⑤ 制作过程中遇到了什么困难？怎么解决的？

⑥ 哪些地方限于技术，做得不够好？

⑦ 哪些地方是具有明显的优势的？

⑧ 预计能承受多少重量？

【教学小贴士】

　　本堂课主要让学生自己动手操作。教师将课堂上的教学目标延伸到课后，留给学生更大的思考空间，让学生从自己的动手操作中去体验收获知识的快乐，对学习产生更大的兴趣，真正做到学以致用。

(4) 学习任务单

第_____小组组员：

任务一：画一画你们的纸桥设计图。

任务二:你觉得需要改进的地方有哪些?

(四)黏土拱桥

S(Science)	★★
T(Technology)	★★★
E(Engineering)	★★★
M(Mathematics)	★★

建筑之美

1. 活动目标

S(科学):增加梁的宽度可以增加抗弯曲能力,增加梁的厚度也可以大大增加抗弯曲能力。

T(技术):使用原材料进行实验改进。

E(工程):能自主设计实验证明。

M(数学):能根据结论绘制表格。

2. 活动准备

学生准备:1包空气黏土,1包超轻黏土,10块小木块,2个桥墩。

教师准备:班级汇报表,各类拱桥图片。

3. 活动过程

(1) 任务发布

从稳定性、美观性、环保性的角度,分别阐述黏土做的桥梁的优点和缺点。

(2) 设计展示

① 各小组绘制设计图,要求将数据标注在图纸上。

(增强学生的科学意识,提高准确性。)

② 每组学生介绍设计特点。

A. 设计想法的产生。

B. 应用了哪些形状或结构方面的知识?

C. 设计过程中遇到哪些困难?怎么克服的?

D. 桥梁的优势在哪里?

(提高学生的表达能力。)

(3)测试优化

① 修改设计方案。

② 预计能承受多少重量。

③ 分组制作黏土拱桥(培养合作精神)。

④ 检测设计的桥:用装满食盐的小卡车通过小桥,检测小桥是否结实。

(4)课后延伸

小桥还有哪些需要改进的地方?尝试造一座跨越35厘米、宽度不小于10厘米、可以承重200克的小桥。

【教学小贴士】

　　本堂课是上一节课的拓展。教师将课堂上的教学目标延伸到课后,留给学生更大的思考空间,让学生从自己的动手操作中去体验收获知识的快乐,对学习产生更大的兴趣,真正做到学以致用。

(5)学习任务单

第_____小组组员:

任务一:画一画你们的黏土拱桥设计图。

第七章 学校跨学科课程整合举要

任务二：你觉得需要改进的地方有哪些？

第八章 学校超学科课程整合举要

超学科课程整合指超越学科界限,以学习者或特定主题为中心,根据学习者的理解和建构,将相关的学科知识进行联结,形成关于特定主题的知识体系。在超学科课程整合过程中,学科知识充当着资源提供者的角色,特定主题是知识建构的核心,学习者是课程整合的主体。超学科课程整合一般会涉及多个学科,且相关知识的学科界限不甚清晰。

第一节 超学科模块课程——《湖》

"湖"是金鸡湖学校的文化要素。围绕"湖文化",学校进行了超学科课程整合,编制了校本学习手册《世界湖韵》。《世界湖韵》共分为科技、生态、文艺、政治4大模块,每个模块安排8个课时,内容涉及地理、历史、生物、政治、社会、语文等多个学科。本课程以"湖"为载体,根据不同年段学生的认知水平,设计有趣的、多样化的学生活动。以下呈现学习手册《世界湖韵》的部分内容,每个模块各举一例(每小节1—2课时)。

一、科技板块(适用于1—2年级)

湖——被上帝打翻的调色盘

从太空遥望地球,除了广袤的海洋、奔涌的河流外,还有星罗棋布的湖泊,它们大小不一、颜色各异,将地球装点得分外妖娆。多姿多彩的湖泊仿佛是上帝一不小心打翻了调色盘,使其色彩绚丽奇幻,浑然天成。

（一）浪漫的希勒湖（Lake Hillier）

世界上最浪漫的湖泊大概就是澳大利亚西部的希勒湖了。它位于西澳大利亚州的中岛（Middle Island），紧临海边。希勒湖是一个神秘而明亮的湖，呈现浪漫的粉色。远远看上去，湖水就像是可口的草莓奶昔，但是味道却与草莓奶昔大相径庭，是如海水一般的咸味。这说明湖泊含有大量盐分，也因此时常有居民来希勒湖采盐。每年去希勒湖观赏最好的季节是春夏季，感受海风自由的吹拂和希勒湖浓烈的浪漫气息，是一件无比奇妙的经历。此外，粉色希勒湖，作为世界上为数不多的自然奇观之一，也是候鸟和各种动植物的天堂，受到了澳大利亚政府严格的保护。

> **迷你知识卡：**
>
> 是什么使希勒湖拥有如此浪漫的粉红色？
>
> 澳大利亚州的希勒湖之所以呈现美丽的粉红色，人们普遍认为是因为湖中藻类产生了丰富的β-胡萝卜素，使湖水的盐性变大，而且略带着明亮的粉红色。
>
> 但这令人吃惊的颜色仍然是一个谜，还有待科学家进一步考证。

> **想一想：** 你知道世界上还有哪些湖泊是粉红色的吗？

（二）炽烈的科罗拉达湖（Lake Colorada）

玻利维亚西南部（接近与智利的边界处）有一片红白相间的浅滩咸水湖，这就是著名的红湖——科罗拉达湖。不同于希勒湖的浪漫粉色，玻利维亚西南部的科罗拉达湖呈现的是热烈到仿佛燃烧的红色。湖中有很多硼砂岛屿，这些岛屿的白色和红湖的微红色巧妙地搭配起来，从而形成了一道美丽的风景线。红白相间的湖面，像是一幅油画，将红色和白色画得既抽象又微妙，让人不得不感叹大自然的神奇。科罗拉达湖还是火烈鸟的栖息地，湖中的藻类为罕见的詹姆士火烈鸟、智利火烈鸟和安第斯火烈鸟提供了丰富的食物，所以它们都会在湖边做窝。美丽的红色湖上火烈鸟来来去去，仿佛烈火在燃烧。

全世界只有 5 万只詹姆士火烈鸟,其中,有 3 万只每年夏季会在科罗拉达湖安家,同时科罗拉达湖也是其他 50 多种鸟类栖息的天堂。

画一画:一起来为美丽的火烈鸟涂上颜色吧!

迷你知识卡:

　　詹姆士火烈鸟细小,只有约 1 米高。它们主要呈淡粉红色,在颈部及背部有鲜艳的深红色斑纹。当它们站立时,我们可以看到它们的双翼上有一些黑色。它们的眼睛周围有鲜红色的皮肤。脚呈砖红色。而喙呈鲜黄色,末端呈黑色。雏鸟呈灰色。

想一想:很多鸟类还是国家的标志,例如,白头海雕(Bald Eagle)是美国的象征。你还知道哪些国家的标志动物呢?和同伴交流分享一下吧!

(三)玫瑰湖(Lake Rose)

　　玫瑰湖位于塞内加尔首都达喀尔市区以北 30 多公里处,又叫"雷特巴湖",当地人把它叫作"粉红湖",而玫瑰湖则由法语"Lac Rose"演变而来。玫瑰湖是咸水湖,是达喀尔市的一处旅游胜地,它可与著名的死海相媲美。不过和宽阔的死海相比,玫瑰湖显得更加婉约、瘦小。由于玫瑰湖的含盐量丝毫不亚于死海,所以也会出现人平躺在湖面上不会沉的现象。

　　玫瑰湖的得名并不是因为含盐量,在每年的 12 月到 1 月期间,玫瑰湖会出现一种神奇的景观。由于阳光和水中的微生物及丰富的矿物质发生化学反应,湖水就变成了玫瑰花般的粉红色,当劲风吹来,波翻浪卷,如同一片红色的火焰,蔚为壮观。随着阳光照射的增强,湖水还会变成紫红色,似乎是在欢迎胜利而来的勇士们。

令人难以置信的是,这抹在大西洋边的粉红竟然是一个狂暴肆虐的恶魔留下的礼物。当地人说,湖的色彩最美丽的时候是在东面来的干热风刮起之际。那时,湖水中的盐藻在热风的催化下爆发,将湖水变成了宛若盛开的玫瑰。而这个为大西洋捧上爱之玫瑰的献花者,是来自远方的撒哈拉大沙漠的"魔鬼"——波德拉凹地的沙暴。

每年的旱季,撒哈拉大沙漠中刮起的热风卷起波德拉凹地上的沙粒形成了遮天蔽日的沙暴。它以每小时近50公里的速度,挤过了提贝斯提山脉和恩内迪山脉形成的沙漠走廊后,如同一把金色的利剑,挥舞在西非大地,直刺到塞内加尔的佛得角,在那里催开了大西洋畔的"玫瑰"。也许是造物主的安排,几百公里以外,在烈日灼烤下死亡的硅藻变成了干枯无生命的沙

粒,又被疯狂的沙暴抛在大西洋畔的湖水里,引发了它们的近亲蓝藻的生命大爆发,盛开出了大自然中最奇妙的"花朵"……

迷你知识卡:

沙漠化(desertification)是由干旱少雨、植被破坏、大风吹蚀、流水侵蚀、土壤盐渍化等因素造成的大片土壤生产力下降或丧失的现象。沙漠化起源于20世纪60年代末和70年代初,非洲西部撒哈拉地区连年严重干旱,造成空前灾难,"荒漠化"一词于是流传开来。荒漠化的最终结果大多是沙漠化。中国是世界上荒漠化严重的国家之一。

想一想: 中国是世界上荒漠化严重的国家之一,我们应该做些什么呢?

结语:

大自然挥动着手指,给大地刷上赤橙青蓝紫。而一个个湖泊就像是不小心打翻的调色盘,各种颜色缤纷呈现,美不胜收。

找一找：除了粉嫩的湖泊外，世界上还有哪些颜色奇特的湖泊呢？

二、生态板块（适用于3—4年级）

湖——被污染的美丽家园

"轮船开远了，湖面又恢复了平静。像一面镜子，和蓝色的天空浑然一体，倒映着树影，又仿佛鱼儿在天空中游动，鸟儿在水底飞翔。多温柔的湖水，多美丽的湖呀，望着这一切，我完全沉醉了，沉醉在这美妙的家乡美景中。"当年，巴金笔下的湖是如此的澄澈温柔。然而，随着工业的发展，富营养化、有毒有机物污染、重金属污染……正让我们的美丽家园遭受着前所未有的迫害。

面临生态危机的美洲湖——密歇根湖（Lake Michigan）

密歇根湖也叫"密执安湖"，是北美五大湖中面积居第三位、唯一全部属于美国的湖泊。湖盆面积近12万平方公里，水域面积达57 757平方公里，湖面海拔达177米。南端的芝加哥为重要的工业城市，内有很多港口。

密歇根湖的湖滨，特别是密歇根州与印第安纳州的北部，以风景壮丽而闻名。这个区域通常被称为美国的"第三片海岸"，位列大西洋海岸与太平洋海岸之后。这里的沙子是黄白色且柔软的，因为人走在上面沙子会发出嘎吱声（沙子里含有丰富的石英），所以又被称为"歌唱的沙子"。

然而，美国科学家于2004年发现，沙发、泡沫塑料、地毯和布料中的有毒化学物质多溴联苯醚竟然跑到了北美五大湖水系中唯一全部属于美国的湖泊——密歇根湖的湖底淤泥中。此前，科学家已经在妇女乳汁和超市食品中检测出了多溴联苯醚，这次又在盛产鱼类的密歇根湖里发现了这种有毒物质，这无疑引起了人们的极大关注与担忧。科学家们经过3年研究发现，密歇根湖几千米下的湖底淤泥里存在着多溴联苯醚这种有毒化学物。一位专家在

2004年指出,密歇根湖湖底淤泥中的多溴联苯醚含量为十亿分之一,相当于一个能装一万加仑水的游泳池中的一滴水。这位专家说,这种化学物质被鱼类和其他野生动物吸收后就会沉积在它们的体内脂肪中,人在食用这些肉类时,又会把它吸收到自己体内,从而危害身体。

迷你知识卡:

多溴联苯醚是一种溴化阻燃物,广泛用于家用电器的塑料、计算机中的塑料、室内装潢中的泡沫塑料、地毯、布料和沙发等。

想一想: 密歇根湖接临美国重要工业城市芝加哥,你还知道美国的其他城市吗?你最想去哪一个城市?为什么?

结语:

地球上拥有很多的资源,但随着人类科技的进步,我们用去了许多的资源,如果我们不懂得节约资源的话,地球的资源就会减少……"天育物有时,地生财有限,而人之欲无极。"唐代诗人白居易对生态资源与人类生存关系的这种清醒认识,至今仍然具有积极意义。我们生活的时代正面临资源缺乏、环境污染、湖泊污染等严重问题。为了我们的生存环境、为了经济社会的可持续发展,节约、环保已迫在眉睫。我们每个人手里都紧握着珍贵的"资源",掌握着中华民族发展的"命脉"。

填一填:

＿＿＿＿＿＿是唯一全部属于美国的湖泊,南端的＿＿＿＿＿＿为美国重要的工业城市。其湖滩因为人走在上面会让沙子发出嘎吱声,所以又被称为"＿＿＿＿＿＿"。

北极熊是俄罗斯的国宝,澳大利亚的国宝动物是树袋熊考拉,每个国家都有自己的国宝动物哟!你还知道哪些呢?搜集资料一起来分享一下吧!

三、文艺板块(适用于5—6年级)

湖——为你打开西方浪漫的文学之窗

古往今来,美丽的湖泊是文人们眼中的一方净土。在湖光山色、秀丽风景的熏陶之下,文人们为之歌颂,留下了很多不朽的佳作和诗篇。提到西方浪漫主义文学,就不得不提英格兰湖区,它被英国人称为"自己的后花园",同时被《国家地理》评选为"一生必去的50个地方之一"。威廉·华兹华斯曾说:"我不知道还有什么地方能在如此狭窄的范围内,在光影的幻化之中,展示出如此壮观优美的景致。"这大概是对英格兰湖区最合适的评价。

湖区位于英格兰西北海岸,靠近苏格兰边界,湖区面积约2 250平方公里,是英格兰和威尔士地区最大的国家公园。不同于苏格兰湖泊的深广和壮丽,英格兰湖泊更纤巧和秀丽。各色湖泊点缀在纵横的山间,别有"湖光山色两相宜"的趣味。

在硕大的湖区国家公园里,如星星般散落着大大小小16个湖泊,放眼望去,整个湖区就像一幅英国古典油画,色调明快,却绿意浓浓。湖区拥有英格兰最大的湖温德米尔湖、格拉斯米尔湖、莱达尔湖等。

(一)温德米尔湖(Lake Windermere)

温德米尔湖湖面狭长,是英格兰最大的湖,纵长17公里,而最宽处仅2公里。湖区的周边,依山傍水,风景秀丽。在这里,天空蔚蓝,湖水清澈,驻足湖边,看天边云卷云舒,看山间云层跌宕,看海鸥忽高忽低地翱翔,不记得人世的烦恼,只觉得这天地宽广,心情舒畅。著名的英国浪漫主义诗人济慈曾说,温德米尔湖能"让人忘掉生活中的区别:年龄、财富"。可见,温德米尔湖的美丽能安抚人们躁动的心灵,忘却尘世喧嚣。

游览温德米尔湖最好的方式莫过于乘船,湖中有数个小岛,两岸是绿地山丘和乡村风格建筑,在绿地、山谷和湖水之间是农场牧场、中世纪村庄和城堡、年久风化的石栏和桥身,湖水和两岸的风景相映成趣,这不仅是视觉的审美,更是一种心灵的涤荡。

《彼得兔的故事》的作者碧翠克丝·波特从湖区的美景中获得灵感,田园风光及各

种生动活泼的小动物成为她清新水彩绘本里的场景和个性鲜明的角色。这里也是《哈利·波特与阿兹卡班的囚徒》的外景取景地之一,影片中哈利·波特骑着鹰马飞掠过湖面的场景,就拍摄于温德米尔湖。

> **迷你知识卡:**
>
> 你知道《彼得兔的故事》吗?
>
> 它讲述的是兔妈妈和四只可爱的小兔子的故事,他们的名字分别是弗洛浦西、莫浦西、棉尾巴和彼得。彼得兔由于不听妈妈的劝告,去了麦格先生的菜园,偷吃了菜园里的好些东西,被麦格先生追赶,因此惹上了大麻烦。

看一看: 小朋友们看过《哈利·波特与阿兹卡班的囚徒》这部电影吗?请利用课余时间欣赏下影片中的温德米尔湖吧!

(二)湖区中的浪漫田园:格拉斯米尔湖小镇

格拉斯米尔(Grasmere)坐落于英国坎布里亚郡湖区国家公园的中心地带,这个迷人的小村庄得名于南部的格拉斯米尔湖,堪称坎布里亚郡最受欢迎的村庄。这个小村庄之所以如此出名,很大程度上归功于英国浪漫主义诗人——威廉·华兹华斯,这里是华兹华斯的出生地,他在此生活了14年之久,他对格拉斯米尔的如画美景赞美不绝,并将这里称为"the loveliest spot that man hath ever found(人们所发现的最美的地方)"。

格拉斯米尔小村庄住户不多,蜿蜒的小河流过村子,直至格拉斯米尔湖。这个安静的小村庄周围被荒原和高山覆盖,营造出浪漫的氛围。古老村舍的外墙涂抹着和有小石子的灰泥,蓝绿色板岩砌成的小屋与曲折的街道争相吸引游人的注意。旅馆、画廊和旅游商店与维多利亚风格的美丽别墅并肩而立。圣奥斯瓦尔德教堂位于村庄的中心地带,其历史可以追溯至13世纪,也是华兹华斯的长眠之地。

> **迷你知识卡：**
> 威廉·华兹华斯(William Wordsworth)是"湖畔诗人"的领袖,代表作是《抒情歌谣集》,其后期作品主要表达对自然山水的赞美和崇拜,在诗艺上则实现了划时代的革新,以至于有人称他为"第一个现代诗人"。

说一说：描述一下中西不同的田园风光吧(见彩插)！你更喜欢哪一种风格呢？

想一想：碧翠克丝·波特非常喜爱湖区的田园风光,她创作了《彼得兔的故事》。我国的很多诗人也醉心于田园景色,甚至归隐田园,你知道他们的名字和作品吗？

结语：

世界各地美丽的湖泊一直以来是中外文人雅士所讴歌、赞美的。清澈秀美的湖泊是文人们眼中的瑰宝,是田园生活中必不可少的景物,更是心灵的一方净土。美丽恬静的湖泊为我们开启了一段浪漫的文学之旅。

四、政治板块(适用于7—9年级)

红色革命的湖——新中国的摇篮
(第一课时：浙江嘉兴南湖)

嘉兴南湖,位于浙江省嘉兴市,与南京玄武湖和杭州西湖并称为"江南三大名湖",素来以"轻烟拂渚,微风欲来"的迷人景色著称于世。它位于嘉兴城南,因此得名"南湖"。南湖,原名滮湖、马场湖,又叫东湖。现在,南湖已经并入南湖风景名胜区,位于嘉兴市区,规划区域总面积276.3公顷,其中,水域面积有98公顷。

【新中国摇篮】

嘉兴南湖,是新中国的摇篮,因为它孕育了中国共产党。

1921年7月23日,中国共产党第一次全国代表大会在上海秘密召开。会议临近结束时,遭法租界巡捕的袭扰而被迫停会。根据上海代表李达的夫人王会悟的建议,8月1日会议转移到嘉兴南湖的一条游船上继续举行。

在这条红船上,会议通过了中国共产党的第一个纲领和第一个决议,并选举了党的中央局领导机构,宣告了中国共产党的诞生,中国革命的航船从此扬帆起航。

【红船启梦】

1959年10月1日,南湖革命纪念馆建立,以湖中烟雨楼作为馆址,并根据游船的直接当事人王会悟的回忆,仿制了一艘丝网船模型,送到北京请中共一大代表董必武审定认可。后按模型原样仿制了一艘画舫,作为南湖革命纪念船,供群众瞻仰。

1964年,董必武重来南湖,他登上画舫,感慨万千,挥毫题诗一首:"革命声传画舫中,诞生共党庆工农。重来正值清明节,烟雨迷蒙访旧踪。"

1985年,邓小平为南湖革命纪念馆题写馆名。中华人民共和国成立以来至1990年,许多党和国家领导人都曾来南湖视察、游览。

"红船"是中国共产党的"母亲船"。"红船精神"是教育当代中国共产党人的无价瑰宝,是用以提高党的执政能力,始终保持党的先进性的宝贵资源和精神财富。

查一查:请你利用网络、图书等工具,找一找南湖上的这艘"红船",并小组交流讨论这艘"红船"的历史意义。

品一品：请仔细品读下面的诗歌,并分小组交流你对这首诗歌的理解。

七律红船颂

孙德振

红船辟浪渡关山,万里长风从未还。

勇举高樯擎日月,敢教大纛胜危艰。

云天漠漠行无止,航路茫茫只等闲。

柳岸仓前帆影在,歌声渔火照瀛寰。

请分组查找资料,结合中国当代实际,谈一谈你对"红船精神"的理解。

第二节 超学科模块课程——"金鸡湖的未来"

学校以"金鸡湖的未来"为主题,引导学生选择不同的职业身份,站在职业角度拟定研究主题,对30年后金鸡湖的文教、经济、生态等问题展开探究。

一、金鸡湖的未来——30年后的你,30年后的金鸡湖

本课程教案见表8-1。

表8-1 "金鸡湖的未来——30年后的你,30年后的金鸡湖"教案

课题	金鸡湖的未来——30年后的你,30年后的金鸡湖
教学目标	(1)知识与能力:了解什么是研究性学习及一般流程,掌握选择研究性学习的方法。 (2)过程与方法:以"金鸡湖的未来"为主题,分小组体验研究性学习的整个过程,体验超学科融合的探究学习过程。 (3)情感与目标:通过小组团结协作,共同参与课题项目研究,提高团队的合作意识和能力。
教学重点	以角色扮演的方式,畅想、规划30年后的金鸡湖。

续表

教学难点	运用超学科的知识来完成课题项目实践。
教时安排	6课时
教学准备	PPT
教学方法	讨论法、讲授法、调查法等。

教学内容和过程

第1课时：选择项目，组内分工

（1）导入：30年后的你，30年后的金鸡湖。

金鸡湖，一个承载着无数人豪情和梦想的神奇湖泊，在它蓄水恒温的生态功能渐渐被人淡忘的今天，它更象征着新商业圈拥有的如湖水般源源不断的经济活力。一座湖与一座城，有着相生相荣的依恋。这不能不说是一段奇缘，也是一个奇迹。金鸡湖的未来会怎么走，30年后金鸡湖能否塑造成全国最有特色的城市之湖？

今天开始，我们以"30年后的你，30年后的金鸡湖"为主题，开展一趟"金鸡湖的未来"主题研究性学习之旅。

（2）知识回顾——研究性学习。

教师带领学生回顾研究性学习的内容选择、组织原则、特点、四种主要活动方式及其关键要素，并初步了解研究性学习的一般流程。

（3）选择角色，选择项目。

30年后的你会从事什么样的工作？面对金鸡湖相关项目的挑战，你会如何抉择？

① 职业角色选择：

环保工程师、房产开发商、传统文化传承师、自由职业者、人工智能工程师、城市建筑工程师等。

② 项目选择：

环保工程师
- 如何改善湖边景区水质垃圾污染问题？

房产开发商
- 如何将湖边拆迁小区打造成融生态与智能为一体的湖景高档社区？

传统文化传承师
- 李公堤文化圈中的传统文化项目日渐没落，如何激活传统文化项目？

自由职业者
- 苏州中心升级改造，打造智能商业圈，诚招加盟商家，邀你加盟，你会开一家什么商店呢？

人工智能工程师
- 金鸡湖景区服务项目升级改造，关于游客服务、音乐喷泉和湖边灯光秀项目，邀你加入，你会如何升级？

城市建筑师
- 一条金鸡湖隧道已经不能满足湖两岸的交通需求，现在要升级湖两岸的立体交通，你有什么想法？

③ 拓展选择： 30 年后的你也许不会从事以上职业，那么你想从事什么职业呢？无论从事哪项职业，金鸡湖都在我们身边。30 年后，围绕金鸡湖，从你的职业出发，畅想自己可以为金鸡湖做些什么。 ④ 讨论： 小组分工，讨论确定每组的职业选择和项目选择。 (4)讨论：小组内部课题分工。 小组在商定选题的基础上，讨论确定组长和组内人员的工作分工，完成计划书。	
第 2 课时：研究方法指导课	
研究方法包括：观察法、访问法、问卷法、测量法、查阅文献法、模拟实验收集法、统计分析法等。	
第 3、4 课时：项目研究	
各小组在指导老师的帮助下有序展开项目研究。	
第 5 课时：项目研究成果表达指导课	
研究报告撰写、汇报 PPT 制作、成果展示视频制作等成果表达方式指导。	
第 6 课时：项目成果展示汇报	
课堂小结	
教学后记	

二、金鸡湖未来的光污染

本课程教案见表 8-2。

表 8-2 "金鸡湖未来的光污染"教案

课题	金鸡湖未来的光污染
教学目标	(1)科学概念。 ① 过量的光辐射对人类生活和生产环境造成不良的影响，包括可见光、红外线和紫外线造成的污染。 ② 光污染是影响光学望远镜所能检测到的最暗天体极限的因素之一。光污染效应通常指天文台上空的大气辉光、黄道光和银河系背景光、城市夜天光等使星空背景变亮的效应。 ③ 光污染问题最早于 20 世纪 30 年代由国际天文界提出，他们认为，光污染是城市室外照明使天空发亮，对天文观测造成的负面影响。后来，英、美等国称之为"干扰光"，在日本则称为"光害"。 (2)过程与方法。 ① 通过观察、推测、实验设计和验证，获得结果。 ② 经历简单的对比实验的设计和实验过程，培养自行获取知识的能力。

续表

教学目标	③ 对观察研究结果进行简单整理、分析并概括总结,逐步形成科学概念。 (3)情感态度价值观。 ① 认识到光污染的危害,明白环境保护和节约能源的重要性。 ② 体验科学探究的乐趣,保持和发展探究周围事物的兴趣和好奇心。 ③ 认识到阅读能收集更多的相关信息资料,丰富自己的认识,修正、完善原有的认识。
教学重点	光污染的危害及光污染的防治。
教学难点	光污染的防治及光污染的未来走向。
教学准备	多媒体课件
教时安排	1课时

教学过程

(1)了解光污染的基本定义。
① 切身环境导入:展示金鸡湖夜景视频和世界灯光影像图,让学生思考夜晚的灯光亮暗可以代表什么。
② 学生自由发言(如经济的发展水平,经济越发达灯光越亮)。
③ 教师提问:金鸡湖夜晚的灯光来源有哪些?
④ 学生举例:路灯、建筑装饰、音乐喷泉、公园景观等。
⑤ 深入探讨:这些灯光哪些是必要的?哪些你觉得没有必要?城市是越亮越好吗?
⑥ 教师通过学生的讨论引出"光污染"的概念。
⑦ 小结:光污染是继废气、废水、废渣和噪声等污染之后的一种新的环境污染源,主要包括白亮污染、人工白昼污染和彩光污染。光污染正在威胁着人们的健康。
　在日常生活中,人们常见的光污染多为由镜面建筑反光所导致的行人和司机的眩晕感,以及夜晚不合理灯光给人体造成的不适感。
(2)灯光污染的主要危害。
教师引入演示:用多媒体课件、相关视频、图片介绍光污染的主要危害。
① 人类健康:损害眼睛、诱发癌症、产生不利情绪。
② 生态问题:光污染影响了动物的自然生活规律,受影响的动物昼夜不分,使得其活动能力出现问题。此外,其辨位能力、竞争能力、交流能力及心理皆会受到影响,更严重的是猎食者与猎物的位置互调。
　有研究指出光污染使得湖里的浮游生物的生存受到威胁,如水蚤,因为光害会帮助藻类繁殖,制造赤潮,从而会杀死湖里的浮游生物,污染水质。
　光污染还会破坏植物体内的生物钟节律,有碍其生长,导致其茎或叶变色,甚至枯死;会对植物花芽的生长造成影响,并会影响植物休眠和冬芽的形成。
　光污染亦可在其他方面影响生态平衡。例如,人工白昼会伤害昆虫和鸟类,因为强光可破坏夜间活动昆虫的正常繁殖过程。同时,昆虫和鸟类可能会被强光周围的高温烧死。生物学家指出,夜里的强光影响了飞蛾及其他夜行昆虫辨别方向的能力。这使得那些依靠夜行昆虫来传播花粉的花因为得不到协助而难以繁衍,结果可能导致某些种类的植物在地球上消失,从长远而言,破坏了整个生态环境。

续表

  候鸟亦会因为光污染影响而迷失方向。据美国鱼类及野生动物部门推测,每年受到光污染影响而死亡的鸟类达四百万至五百万,甚至更多。因此,志愿人士成立了关注致命光线计划,并与加拿大多伦多及其他城市合作,在候鸟迁移期间尽量关掉不必要的光源以降低其死亡率。
  此外,刚孵化的海龟亦会因为光污染的影响而死亡。这是因为它们在由巢穴步向海滩时受到光害的影响会迷失方向,结果因不能到达合适的生存环境而死亡。年幼的海鸟同样会因为受到光污染的影响而在由巢穴飞至大海时迷失方向。
  夜蛙及蝾螈亦会受到光污染影响。因为它们是夜行动物,会在没有光照时活动,然而光害使它们的活动时间推迟,令其活动及交配的时间变短。
(3)灯光污染的主要分类。
① 教师讲授和总结:灯光污染的分类。
(白光污染、混光、眩光、人工白昼、视觉污染、彩光污染等。)
② 学生分类思考:金鸡湖的灯光污染存在哪几种?举出具体的例子。
(4)灯光污染的主要特点。
① 局部性:光污染随距离的增加而迅速减弱。
② 不残留性:在环境中光源消失,污染即消失。
③ 相对性:相对性分为两个方面,一是只有在一定的环境背景下才会有光污染,光污染是相对于背景说的;二是对一些人造光是否属于污染、是否是光污染,不同人员具有不同的结论。
(5)相关法律。
① 中国:《民法通则》《环境保护法》《物权法》。
② 法律空白点。
(6)光害等级表:1—9级的不同表现。
(7)光污染的防治方法。
① 要减少光污染这种都市新污染的危害,加强城市规划管理,合理布置光源,加强对广告灯和霓虹灯的管理,禁止使用大功率强光源,控制使用大功率民用激光装置,限制使用反射系数较大的材料等措施势在必行。作为普通民众,一方面切勿在光污染地带长时间滞留,若光线太强,房间内可安装百叶窗或双层窗帘,根据光线强弱做相应调节;另一方面应全民动手,在建筑群周围栽种树木花,广植草皮,以改善和调节采光环境,等等。
② 建议国家制定与光污染有关的技术规范和相应的法律法规。我国还很少有人认识到光污染的危害,因此在这方面还没有统一的标准。专家认为,在我国城市夜景观建设迅速发展的时候,尽快制定景观照明的技术标准是必要的。我们不要去走别人已经走过的弯路。另外,专家认为,加强夜景观设计、施工的规范化管理也十分重要。我国目前从事灯光设计施工的人员当中专业技术人员很少,许多产生光污染和光干扰的夜景观是由不科学的设计施工造成的。天津市于1999年颁布了《天津市城市夜景照明技术规范(试行)》,于2004年颁布了《天津市城市夜景照明技术标准》。北京市于2007年颁布了《城市夜景照明技术规范》。
③ 大力推广使用新型节能光源。现阶段虽然有大多数地方会自觉使用节能光源,但还有一些场所未能做到自觉使用节能光源照明。
  学生思考和查找资料,寻找更多的防治方法(如改善照明系统、调整照明系统等)。
(8)总结。
① 世界上三分之一的人无法看到银河。

续表

在阳台上再也无法仰望星空是一个遗憾。随着人类在地球上的大规模建设与活动，一座座美丽的"不夜城"所制造的光污染，已经演变为生态与环境的美丽"杀手"。夜幕降临之后，商场、酒店甚至图书馆都闪耀着璀璨的霓虹灯，有的建筑上的强光直冲云霄。在国内众多一线城市，夜晚早已如同白昼。人们真的需要一座"不夜城"吗？

② 城市由暗变亮再部分变暗是一个渐进的过程。

这个世界上唯有两样东西能让我们的心灵感到深深的震撼：一是我们头顶灿烂的星云，二是我们心中崇高的道德法则。星空带给我们的更多的是一种对自然的敬畏，很多生活在城市的人没有"自然"的概念，当他们真正去接触和了解自然的时候，才会深刻地觉得应该发自内心地敬畏自然。"城市由暗变亮再部分变暗是一个渐进的过程。"但这个过程并不代表把灯全关了，而是对灯光加以控制，让更多的自然光落到地面，比如，可以给灯加灯罩，并进行一些科学合理的改造。这样既节能，又能避免对天空的干扰。

作业设计	资料收集讨论
板书设计	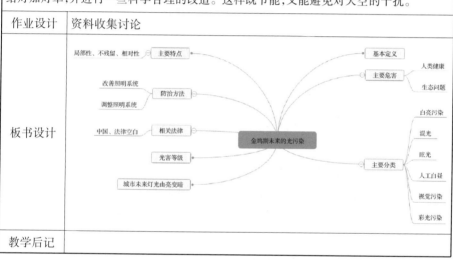
教学后记	

参考文献

一、专著

[1] 马克思,恩格斯.马克思恩格斯选集:第三卷[M].北京:人民出版社,1995.

[2] 马克思,恩格斯.马克思恩格斯选集:第一卷[M].北京:人民出版社,1995.

[3] 黄志红.课程整合的历史与个案研究[M].广州:广东高等教育出版社,2013.

[4] 钟启泉,崔允漷,张华.为了中华民族的复兴,为了每位学生的发展:《基础教育课程改革纲要(试行)》解读[M].上海:华东师范大学出版社,2001.

[5] 钟启泉,张华.世界课程改革趋势研究(全三册)[M].北京:北京师范大学出版社,2001.

[6] 联合国教科文组织国际教育发展委员会.学会生存:教育世界的今天和明天[M].华东师范大学比较教育研究所,译.北京:职工教育出版社,1989.

[7] 钟启泉.课程的逻辑[M].上海:华东师范大学出版社,2019.

[8] 黄译莹.统整课程系统[M].台北:巨流图书公司,2003.

[9] 张爽,林智中.课程统整效能的研究:批判性的文献回顾[M].香港:香港教育研究所,2004.

[10] 张华.课程与教学论[M].上海:上海教育出版社,2000.

[11] 黄书光,王伦信,袁文辉.中国基础教育改革的文化使命[M].北京:教育科学出版社,2001.

[12] 郝德永.课程:走向自觉与自律[M].合肥:安徽教育出版社,2009.

[13] 熊梅.当代综合课程的新范式:综合性学习的理论与实践[M].北京:教育科学出版社,2001.

[14] 教育部.普通高中课程方案(实验)[M].北京:人民教育出版社,2003.

[15] 杨智颖.统整课程意识形态之研究[M]//台湾课程与教学学会.课程统整与教学.台北:扬智文化事业有限公司,2000.

[16] 陈伯璋.课程统整的迷思与省思[M]//欧用生,陈伯璋.课程与教学的饗宴.高

雄:高雄复文图书出版社,2003.

[17] 佐藤正夫.教学原理[M].钟启泉,译.北京:教育科学出版社,2001.

[18] 柴田义松.教育课程[M].张梅,胡学亮,译.长春:吉林文史出版社,2005.

[19] 欧用生.课程改革:九年一贯课程改革的经验启示[M].台北:师大书苑,2000.

[20] 江山野.世界中学课程设置博览[M].长春:吉林教育出版社,1989.

[21] 胡金平.中外教育史纲[M].南京:南京师范大学出版社,2001.

[22] 黄炎培.怎么办职业教育[M].北京:中国文史出版社,1995.

[23] 熊明安,周洪宇.中国近现代教育实验史[M].济南:山东教育出版社,2001.

[24] 国家教委基础教育司.九年义务教育课程计划(试行)学习指导[M].北京:人民教育出版社,1992.

[25] 陶行知.我们对新学制草案应持之态度[M]//陶行知.陶行知全集:第二卷.长沙:湖南教育出版社,1984.

[26] 黄济.教育哲学初稿[M].北京:北京师范大学出版社,1982.

[27] 谢龙.现代哲学观念[M].北京:北京大学出版社,1990.

[28] 邹广文.当代文化哲学[M].北京:人民出版社,2007.

[29] 有宝华.综合课程论[M].上海:上海教育出版社,2002.

[30] 吴永军.课程社会学[M].南京:南京师范大学出版社,1999.

[31] 吴康宁.课程社会学研究[M].南京:江苏教育出版社,2003.

[32] 高新建.发展以基本能力及能力指标为本的统整课程[M]//台湾课程与教学学会.课程统整与教学.台北:扬智文化事业有限公司,2000.

[33] 台南师院.九年一贯课程:从理论、政策到执行[M].高雄:高雄复文图书出版社,2000.

[34] 周淑卿.课程政策与教育革新[M].台北:师大书苑,2002.

[35] 廖春文.九年一贯统整课程:理念与设计实例[M].台北:五南图书出版公司,2001.

[36] 刘明远.21世纪,谁来教综合课:谈新课程结构的重建[M].北京:北京大学出版社,2002.

[37] 施良方.课程理论:课程的基础、原理与问题[M].北京:教育科学出版社,1996.

[38] 欧用生.课程统整再概念[M]//欧用生,陈伯璋.课程与教学的飨宴.高雄:高雄复文图书出版社,2003.

[39] 联合国教科文组织.学习:内在的财富[M].联合国教科文组织总部中文科,译.北京:教育科学出版社,1998.

[40] 郑金洲.教育文化学[M].北京:人民教育出版社,2000.

[41] 胡定荣.课程改革的文化研究[M].北京:教育科学出版社,2005.

[42] 郝德永.课程与文化:一个后现代的检视[M].北京:教育科学出版社,2002.

[43] 森敏昭.21世纪学习的创造[M].京都:北大路书房,2015.

[44] 欧用生,杨慧文.新世纪的课程改革[M].台北:五南图书出版公司,1998.

[45] 钟启泉.现代课程论[M].2版.上海:上海教育出版社,2003.

[46] 罗素.人类的知识[M].张金言,译.北京:商务印书馆,1983.

[47] 香港课程发展议会.学会学习:终身学习,全面发展[M].香港:香港政务印书局,2001.

[48] 柏拉图.理想国[M].郭斌和,张竹明,译.北京:商务印书馆,1997.

[49] 比彻姆.课程理论[M].黄明皖,译.北京:人民教育出版社,1989.

[50] BEANE J A.课程统整[M].单文经,等译.上海:华东师范大学出版社,2003.

[51] 佐藤学.改革教学,学校改变:从综合学习到课程的创造[M].东京:小学馆,2000.

[52] 布鲁巴克.西方课程的历史发展(下)[M].丁证霖,赵中建,译//瞿葆奎.教育学文集:课程与教材(上册).北京:人民教育出版社,1988.

[53] 杜威.杜威教育论著选[M].赵祥麟,王承绪,译.上海:华东师范大学出版社,1981.

[54] 杜威.民主主义与教育[M].王承绪,译.北京:人民教育出版社,1990.

[55] 杜威.我们怎样思维·经验与教育[M].姜文闵,译.北京:人民教育出版社,1991.

[56] 福柯.规训与惩罚[M].刘北成,杨远婴,译.北京:生活·读书·新知三联书店,2003.

[57] 吉罗克斯.跨越边界:文化工作者与教育政治学[M].刘惠珍,张弛,黄宇红,译.上海:华东师范大学出版社,2002.

[58] 多尔.后现代课程观[M].王红宇,译.北京:教育科学出版社,2000.

[59] 皮亚杰.皮亚杰教育论著选[M].卢濬选,译.北京:人民教育出版社,1990.

[60] ROGERS C R.自由的教育[M].友田不二男,主译.东京:岩崎学术出版社,1984.

[61] DRAKE S M.统整课程的设计:证实能增进学生学习的方法[M].黄光雄,主译.高雄:丽文文化事业股份有限公司,2001.

[62] FORGATY R.课程统整的十种方法[M].单文经,译.台北:学富文化事业有限公司,2003.

[63] 泰勒.课程与教学的基本原理[M].施良方,译.北京:人民教育出版社,1994.

[64] 亨德森,霍索恩.革新的课程领导[M].志平,李静,译.杭州:浙江教育出版社,2005.

[65] 弗莱雷.被压迫者教育学[M].顾建新,赵友华,何曙荣,译.上海:华东师范大学出版社,2001.

[66] 伯姆.论对话[M].王松涛,译.北京:教育科学出版社,2004.

[67] 卡西尔.人论[M].甘阳,译.北京:西苑出版社,2003.

[68] 筑波大学教育学研究会.现代教育学基础[M].钟启泉,译.上海:上海教育出版社,2003.

[69] 富兰.变革的力量:透视教育改革[M].中央教育科学研究所,加拿大多伦多国际学院,译.北京:教育科学出版社,2004.

[70] 新田义弘.现象学与解释学[M].东京:筑摩书房,2006.

[71] 雅斯贝尔斯.什么是教育[M].邹进,译.北京:生活·读书·新知三联书店,1991.

[72] 佐藤学.学习的快乐:走向对话[M].钟启泉,译.北京:教育科学出版社,2004.

[73] 佐藤公治.在对话中学习与成长[M].东京:金子书房,1999.

[74] MEHLINGER H D.信息化时代的学校改革[M].中村哲,译.东京:风间书房,2000.

[75] 佐藤学.静悄悄的革命[M].李季湄,译.长春:长春出版社,2003.

[76] 奥田真丈,河野重男.现代学校教育大事:第2卷[M].东京:行政出版公司,1993.

二、期刊、论文

[1] 亢宇坤.课程整合:问题与对策[D].北京:首都师范大学,2003.

[2] 刘宇.初中综合课程实施现状及策略研究[J].课程·教材·教法,2002(11):7-10.

[3] 庞红卫.香港"课程统整计划"及其启示[J].上海教育科研,2001(7):25-27.

[4] 黄宏伟.整合概念及其哲学意蕴[J].学术月刊,1995(9):12-18.

[5] 黄甫全.整合课程与课程整合论[J].课程·教材·教法,1996(10):6-13.

[6] 杨光富."八年研究"的贡献及其对我国教育改革的启示[J].外国教育研究,2003(2):18-21.

[7] 徐玉珍.论学科与活动:重读杜威《儿童与课程》[J].课程·教材·教法,2002(7):64-68.

[8] 徐玉珍.从学校的层面上看课程整合[J].课程·教材·教法,2002(4):21-27.

[9] 郑和钧,冯周卓.小学综合课与学生素质协同发展的实验研究[J].教育研究,1994(5):44-49.

[10] 潘洪建.我国课程实验20年:回顾与展望[J].课程·教材·教法,2002(2):1-7.

[11] 于述胜,刘继青.课程改革应保持必要的文化张力[J].课程·教材·教法,2005(8):84-86.

[12] 黄甫全.学习化课程刍论:文化哲学的观点[J].北京大学教育评论,2003(4):90-94+99.

[13] 许建领.课程综合化存在的心理学基础[J].课程·教材·教法,2001(2):32-36.

[14] 王希华.建构主义促进了学习理论的三次变革[J].心理科学,2005(6):1520-1522.

[15] 游家政.学校课程的统整及其教学[J].课程与教学,2000(1):19-38.

[16] 黄政杰.课程统整的理论与做法[J].教育研究月刊,2001(85):8-13.

[17] 郭元祥.新课程中课程整合的理念与策略[J].语文建设,2002(3):4-7.

[18] 郭元祥.学校文化与学校品位:学校文化建设的几点思考[J].湖北教育,2008(11):4-7.

[19] 丁邦平,顾明远.学科课程与"活动课程":分离还是融合:兼论"学生本位课程"及其特征[J].教育研究,2002(10):31-35.

[20] 费孝通.从反思到文化自觉和交流[J].读书,1998(11):3-9.

[21] 代建军,谢利民.综合课程的再认识:关系、形态、目的和结构[J].课程·教材·教法,2000(10):34-36.

[22] 郭元祥.学习方式变革:可能的与有效的[J].河北教育,2008(5):35-36.

[23] 恽昭世,王洁.普通高中综合课程的开发与思考[J].课程·教材·教法,1999(4):7-14.

[24] 蔡振生.近代译介西方教育的历史考察[J].北京师范大学学报,1989(2):16-22.

[25] 教育部.基础教育课程改革纲要(试行)[Z].教基〔2001〕17号.

[26] 教育部.义务教育课程设置实验方案[Z].教基〔2001〕28号.

[27] 教育部.关于积极推进中小学评价与考试制度改革的通知[Z].教基〔2002〕26号.

附录1：2016—2021年金鸡湖学校发展规划(节选)

一、学校发展基础

（一）学校概况（略）

（二）首轮规划实施情况（略）

（三）学校发展现状分析（略）

二、发展目标

综合上述分析，现将2016年9月至2021年8月学校发展的总目标确定为：以课程建设为载体，探索促进师生共同成长的路径、策略与管理机制，以求进一步提升学校的办学层次，成为苏州市一流、江苏省内有较高知名度和影响力的品牌学校。

该总目标在操作中可分解为以下三条具体目标：

1. 学生培养目标

结合学校理念系统，重新检视学校现有课程所承载的育人功能，对学生在不同发展阶段的身心特征进行深入研究，提炼学生终身发展视角下的学校育人要素，探索主要实施途径、策略，形成分年段育人目标体系、实施策略库与常态化运行机制。

2. 课程建设目标

在现有的"'三乐'课程体系框架"的基础上，进一步规划学校课程开发方向与实施取向，通过对国家课程与校本课程两大子系统的深度开发与整合，形成兼顾全体学生核心素养与个性化需求的课程体系与运行管理机制。

3. 教师发展目标

提炼学校在促进教师专业发展方面的成功经验，在进一步梳理学校师资队伍建设要求、调查教师自身发展需求的基础上，以各级各类课程开发与实施项目及教师人文素养课程为载体,形成教师分类分层发展管理体系与运行机制。

三、核心项目

(一) 项目名称

根据发展目标,本轮规划中,学校将以"国家课程与校本课程整合实施研究"为核心实验项目。

(二) 项目内涵

本项目通过实施课程整合,打破固有的国家课程与校本课程间的壁垒及二元对立的思维方式。要理解该项目的内涵,还需深入了解"课程整合"这一核心概念。

1. 课程整合的概念

整合是将不同的部分连接成一个整体或将不同的部分纳入整体中。课程整合是对整个课程改革某一局部任务的特定表述,是精确指向以内容和方法为根本、以教育理念为指导的关于课程的解构与重组。

2. 课程整合的价值取向

有一个问题是教育者在设计课程时必须回答的,即"我们想要学生成为哪种类型的人"。课程整合的本义便是让学生(儿童)经历整体连贯、有机联系的学习经验而更好地成"人",这样的价值追求在进入21世纪后愈加受到国际社会的重视。我国也不例外,类似的价值追求体现在我国颁布的有关政策文本中,如2014年3月教育部颁布的《关于全面深化课程改革落实立德树人根本任务的意见》中指出:"要增强整体性,强化各学段、相关学科纵向有效衔接和横向协调配合……充分发挥学科间综合育人功能,开展跨学科主题教育教学活动,将相关学科的教育内容有机整合。"可以说,在学校教育中,对课程进行整合是使课程能够响应学生(儿童)发展需求的基本价值取向。

3. 课程整合的实施要素

(1) 确立"理想儿童形象"

学校践行课程整合的价值追求,首先要从确立"理想儿童形象"做起。所谓"理想儿童形象",即是学校在综合考虑国家课程标准、地方教育政策、学校发展愿景和培养目标等之后，所建立起来的理想学生的共性特征（可用描述性语言、关键词等来呈现），并为其个性展示预留空间。确立"理想儿童形象"应是学校在进行课程整合整体设计之前完成的，这样才有可能将不同组织方法形成的各类课程整合成相互关联、富有意义的有机整体，为学生成"人"做出理性的规划。

（2）课程整体设计

学校课程整合的整体设计指从上述儿童形象出发，确定学校课程整合的基本方法和整体架构。基本方法的确定有助于学校明确本校开展课程整合的组织方法，这些组织方法主要表现为学科整合、跨学科整合、超学科整合，不论哪种方法的整合均可以单元整合或主题整合的方式实现，只是单元或主题本身与学科关系的密切程度不同。整体架构能清晰建立儿童形象与课程整合诸要素之间的相互联系，超越形式化和工具化的课程整合，这样的课程整合才是"在课程架构中寻求整合"，而非沦为施行的细节。

（三）项目目标

本项目旨在通过对国家课程单元化或模块化的整合，改造学生的学习环境与学习方式，使学校课程更好地满足学生成长的需要；改变教师的教学惯性与教学方式，使课程开发成为教师专业成长的助推器。

（四）研究内容

（1）基于学校办学理念的"理想儿童形象"（分年段描述）。

（2）德育、教学两线所承载的教育目标与实施载体。

（3）课程模块或单元目录的编制。

（4）模块或单元的典型案例开发。

（5）学校整合课程体系建构。

（五）研究步骤

1. 准备阶段(2016年9月—2017年2月)

（1）组建本研究的核心项目组、子项目组；

（2）确立本校的"理想儿童形象"，提炼其共性特征，进行可行性分析；

（3）撰写实施方案，制订实施计划，在专家论证会后对方案和计划加以

修订;

(4)明确核心项目组成员、子项目组成员的任务和具体分工。

2. 行动阶段 I(2017年3月—7月)

(1)聘请专家进行理论指导,并在学校范围内聚焦课程整合,开展教师读书活动,促进教师的理论学习;

(2)核心项目组展开行动研究,专家跟进指导,开发出一个典型案例;

(3)对案例的开发要点、流程等进行提炼,对开发过程中出现的问题进行总结反思。

3. 行动阶段 II(2017年8月—2018年7月)

(1)在核心项目组的引领下,各子项目组开展行动研究,各开发出1—2个典型案例;

(2)中期总结和反思,调整项目实施计划;

(3)在反思的基础上,继续开展行动研究,开发更多的案例,初步形成整合课程群。

4. 行动阶段 III(2018年8月—2021年2月)

(1)在全校范围内实施整合课程;

(2)监控实施过程,完善整合课程群;

(3)边实施边开发,继续开展行动研究,初步形成整合课程体系。

5. 总结阶段(2021年3月—2021年7月)

(1)编写学校在推展这一核心项目过程中的教育教学案例;

(2)对项目进行理论提升和概括;

(3)总结项目成果,结集成册,争取出版。

四、规划项目(略)

五、实施计划(略)

附录2：初中语文模块课程学生优秀作品

品粥人

八(2)班　钱涵悦

秋日的午后，日光以漠然的神情笼罩苍穹，犹如一对灵动的双眼逐渐被时光淡忘。

一位老奶奶与行人背道而坐，仿佛已跳出了世俗的磨难，她静静地坐在一片静静的阳光里。

她一直低着头，手里捧着一碗恬淡的桂花粥，乳白色的米粥上点缀着星星点点的黄，像那油画上斑驳的高光。浓郁的桂花香酝酿在清淡的米香里，两种截然不同的风格的碰撞，使这碗看似平凡的粥多了几分优雅的韵味，它娓娓地歌唱着秋的芬芳。

老人轻轻地将手抬起，鼻子凑上前全力以赴地享受着桂花的芳香，仿佛一位艺术家正精心钻研着面前的作品。她小心翼翼地用勺子在碗中舀一勺粥，并且很苛刻地要求自己每一勺上都必须有一朵小巧的桂花，像大海上一艘航行的船一样，才愿意以一种虔诚的姿态，庄重地将勺子递进自己的口中。芬芳在口中氤氲，她仔细地感受着粥的甘甜，待到这份甘甜快要在口中消失殆尽，她又会拿起自己的勺子，将刚才的动作再重复一遍。

望向那位老人，仿佛秋色凝止，时光停滞。那个午后，她就静静地坐在那里，淡然地沉没在一份不可思议的静谧里。

日色愈发迷惘，铺散在大地上，染黄了城市，染黄了街道，染黄了老人沟壑的面颊和那碗恬淡的桂花粥。

宇宙变换，推动时光；时光飞逝，消散青春。青春品味着四季，老人品味着一碗香甜的桂花粥。

或许那个老人的秋天永远都不会结束，她会一直坐在那个角落，以最庄严的姿态品味着香甜的桂花粥，永远拒绝那迟来的北风。

指导老师：吴淑敬

蛋炒情

八(3)班 荆英琪

自小至大,蛋炒饭一直是我食谱的榜首。由于简单又好吃,它便成了家常便饭。粉的肉、黄的蛋、绿的葱、白的饭,交错碰撞,一撞便是一道佳肴。有时家中口味重,饭中还会添酱,给缤纷的饭再添上一抹红色。

对蛋炒饭的喜爱,大约源于幼时,每当爷爷做蛋炒饭时,我便喜欢搬个板凳坐在他身边,看着他忙碌。首先是准备。我跟在爷爷身后,看着他拿葱、拿肉,拿事先准备好的饭,把它们一个个处理好放在一边,等待着一展风采。我总爱看爷爷打蛋。他拿蛋往桌上轻敲,敲出一道缝,用两指小心掰开蛋壳,晶莹的蛋清裹着浑黄的蛋黄从里渗入,流进碗里,也流进幼时的我好奇的心里。接着,爷爷一手捧碗,一手用筷子迅速搅蛋,碗里立刻转起了金黄的漩涡。蛋液向上掀起,却好似被牵住一般,一滴也没有溅出来。

搅匀鸡蛋,便正式开始做饭了。倒油预热等几分钟后便放蛋液,"呲啦"一声炸响,厨房瞬间热闹了起来。然而这喧嚣并没有影响爷爷的节奏,他不紧不慢地把鸡蛋炒成朵朵蛋花,再把饭放进锅中。稍稍平息的响声又一次炸了起来,伴着爷爷手中锅和铲子碰撞的声音,奏出了一曲欢快的交响乐。接着放肉丁和葱花,进行最后的篇章。爷爷为了逗我,总喜欢把锅往上一掀,锅中的饭便立刻抛到空中,翻转一周,再精确地跳回锅中。我总是惊叹于这种技术,缠着爷爷教我翻。他每次只是笑笑,嫌我在这儿碍事,让我先去桌边等着。我当然不答应。

一切完毕,可以上桌了。我总是争着端盘子,学着爷爷招呼大家吃饭,再把饭往桌上一搁,仿佛这一盘就是我做的。爷爷也不恼,挖一勺尝了尝,对我开玩笑道:"不错,有我的味道了。"我也尝了尝,不咸不淡,没有添加珍贵的食材,也没有大厨的精雕细琢,但仿佛这世间的所有美味、所有情,都在其中了。

多年过去,爷爷也不能总是来我们这烧饭了。但是他在厨房忙碌的身影,用锅铲伴着油花奏出的交响乐,大胆溅起的漩涡,简单的美味和其中的情,都永远刻在我的心中。

指导老师:闵丹

深海食堂

八(4)班 郭桐语

还记得很久以前,"丁零丁零"的风铃声在门边响起,阳光透过树枝的缝隙在桌上落下光斑,那一碗简简单单的温泉蛋鳗鱼饭,那种舌尖的战栗之感,淡的就像珍藏了许多年的水粉画,也浓的像天边不散的彩霞。

国内的日料店、酒水街和商场不在少数。带有几分情趣的鲤鱼旗花纹的招牌悠闲地在门前飘摇,"居酒屋""刺身""日料"等字样在旗上格外显眼。没错,这就是目的地了。

翻开菜单,刺身首先跳入眼帘。所谓刺身,顾名思义,是生食。生食与熟食带来的口感完全是两个不同的境界。日料店的冷柜里,总陈列着各色生食,粉嫩欲滴的三文鱼切片、肉色滑腻的金枪鱼、软玉般的瑶柱、果冻似的甜虾,全都有条不紊地摆放在一起。来一份生三文鱼腩!厨师便会娴熟地从生鱼块上割下一片;冷热碰撞的微炙口味,更令人垂涎三尺。鱼片一面被煎得焦黄,一面粉红,让人食指大动;再轻轻地蘸些酱油和芥末,一口顺下去,软滑又焦脆,一盘下肚,清新又香腻的味道,让人欲罢不能。细微的感叹,也能获得厨师心满意足的微笑。

寿司的领域中,也和生食脱不了干系。三文鱼手握、鱼子寿司、芥辣章鱼寿司等,寿司最大的特点就是种类繁多;酱料的口味也数不胜数,蛋黄酱、芥末、蜂蜜、蟹糊,应有尽有。说到这,再来一份鳗鱼烧寿司!在服务生的热情回应下,厨房里又燃起了一簇火苗——不知有多少人间烟火在这小小的店铺里燃起。不等多时,一份寿司便呈了上来。此时的鳗鱼不再像原先的生食,寡淡的味道也随着鳗鱼生熟的改变,变成了那种隔着桌子都能闻到的夹杂着甜腥和微咸的浓郁香味,再配上精致小巧的饭团,寿司便立即变成了想让人一口吞下,又舍不得触碰的艺术品。寿司摆盘也十分讲究,那种不能轻易言说的美感,让人们不由得轻呼出声。

在这工夫上,定食也是绝佳的选择。温热的饭菜和清爽的凉茶,那种幸福和温馨,不仅仅是一张满足的账单能搞定的。

生活,亦是如此。微笑、泪水、感动、幸福……通通被揉成了一份小小的日料。日料的味道,亦是生活的味道,那一份喜乐安康,不也在日料中,成了那秋山落叶,堆积在人们的心中了吗?

指导老师:冯澜

包住那份喜乐安康

八(5)班 姚 静

面前是一碗速冻饺子,冒着腾腾热气,我却没有什么胃口。

记忆的小船缓缓摇进童年的河。

儿时的春节都是在家乡度过的。乡间包的大多是白菜猪肉馅的饺子,白菜,"百财",吃的是一份人们对新的一年的美好祝愿。

当屋外荡漾着孩童们银铃般的嬉笑声和摔摔炮的响声时,奶奶早已和好了面,调好了馅,猪是自家喂的,白菜是邻居家种的,大清早摘下送了过来,奶奶会笑着道谢接过,再去用竹竿勾下自家腌制的腊肠送给他们。这是乡里乡间常有的"礼尚往来"。

暖阳毫不吝啬地洒下一片灿亮,家中的老老少少都搬来一张满身裂纹却无比结实的小木凳围在桌边包饺子。一张厚薄均匀却不太圆的面皮,用木筷夹上一团饱满,置于饺皮中央,在边缘用手指沾水润滑,将家人的欢声笑语、孩童的顽皮一并包覆在这小而饱满的饺子里。

而后,奶奶在灶头架起一只泛着古铜色的大铁锅,锅中的水在木柴旺烈燃烧的鼓舞下不断翻滚着,放入一个个圆润的饺子,它们随着水在锅中欢欣舞蹈。待一会儿,捞出雪白的饺子,米白的汤,大碗小碗分好端去客厅,冒着腾腾热气。香气随风在小院里飘荡,老老少少搬着木凳围在桌边,一手挑起筷子,另一手捏一小瓣蒜,夹起饺子就往嘴里填。轻咬一口,鲜香便迸溅出来,薄面皮里撑满了白碧色的白菜和棕红色的肉,鲜嫩美味。

铁筷和瓷碗刺耳的撞击声把我从回忆中拉出,眼睛复又盯在这份"高档难买"的速冻饺子上。眼前的这份饺子冒着热气,但它缺少了手工制作的那份温度。不知何时,城市中人们过年的礼尚往来变成了送一份高档大牌、包装精美的速冻饺子。新年不再是邻里之间欢聚一堂,亦不是孩童们穿上新衣的欢声弥漫,而变成了一个需要贴着春联吃饺子的仪式。

我们头也不回地向前疾行,身后的村庄、文化、传统正一点一点化为灰烬。我们唱了一路歌,却发现无词无曲。我们吃了数次饺子,真正有几份饺子,包住了它本该有的喜乐安康?

指导老师:姚晶晶

附录3：美术模块课程学生作品

美术（中国画）模块课程学生优秀作品

《园林境象》王子禾

《太湖石》楼秉桓

《园林境象》吴知谦

《园林境象》十米长卷作品局部图

金鸡湖学校的十米长卷作品《园林境象》《印象金鸡湖》代表苏州市参加全国中小学水墨长卷《我爱祖国》绘画展示活动。

美术(版画)模块课程学生优秀作品

《门窗望景》李卓恒

《园林一角》许智涵

《园林境象·太湖石》李佳睿

《一团和气》张秋子

《园林境象·太湖石》谭睿姣

《一团和气》钟秉均

《园林一角》顾涵依

《门窗望景》姚顺予

《园林艺境》张秋子

《拙政园香洲》杨韵诗

《太湖石》余沛泽

《亭子》张语曈

附录4：STEM模块课程学生作品

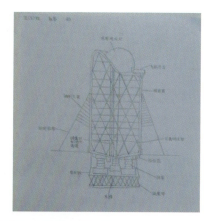

学生的桥梁、房屋设计图

学生进行3D实物打印

苏式园林"微景观"成品图

附录5:"湖"文化课程学生作品

四年级"Lake Mirror 创意画"作品

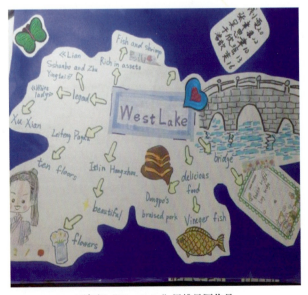

五年级"West Lake"思维导图作品

附录 5

希勒湖

科罗拉达湖

玫瑰湖

密歇根湖

密歇根湖湖滨

温德米尔湖

温德米尔湖湖滨

格拉斯米尔湖小镇

中国田园风光

英国田园风光

荷兰田园风光

瑞士田园风光

嘉兴南湖

红船精神